LISA-MARIA
TRAUER

MEIN BALKON-HOCH-BEET

GROSSE ERNTE AUF KLEINEM RAUM

KOSMOS

INHALT

HOCHBEET-BASICS

Warum du unbedingt ein Hochbeet brauchst

Ein Hochbeet auf dem Balkon macht dein Leben facettenreicher: Es ergeben sich viele neue Möglichkeiten im Obst- und Gemüseanbau, egal ob Anfänger, Fortgeschrittener oder Hobbygärtner. Das Gärtnern hat zudem einen positiven Effekt auf unsere Gesundheit und zugleich können wir dadurch etwas Gutes für die Umwelt tun.

DER POSITIVE EFFEKT AUF UNSERE GESUNDHEIT

Tagtäglich werden wir von Konsum überrollt. Überall neue Eindrücke, die auf uns einwirken. Im Unterbewusstsein die ständige Sorge, etwas zu verpassen. Die Jagd nach Bestätigung Anderer. All das lässt unseren Stresspegel in die Höhe schnellen und beschäftigt uns im Schlaf noch weiter.
Während des Gärtnerns auf dem Balkon steht die Welt für eine Zeit lang still. Es entsteht die pure Entschleunigung, während des Hochbindens der Triebe. Keine Spur von Stress, wenn alte Blätter weggezupft werden. Arbeiten an der frischen Luft mit viel Licht. Der Stresspegel sinkt. Mit der Zeit wird einem erst bewusst, auf was es im Leben wirklich ankommt. Erst recht, wenn du dann noch die ein oder andere Tomate vom Strauch naschst, die mit deiner Hilfe aus einem einzigen kleinen Samen zu so einer großen Pflanze mit essbaren Früchten herangewachsen ist. Ein kleines Wunder der Natur!

DER UNVERGLEICHBARE GESCHMACK

Wenn du zum ersten Mal dein selbst angebautes Obst und Gemüse kostest, dann weißt du, warum sich die ganze Arbeit gelohnt hat!
So richtig sonnengereifte Tomaten schmecken viel aromatischer. Die ganz reifen und dunklen Himbeeren am Strauch schmecken richtig intensiv. Eine frisch geerntete Gurke, aufgeschnitten, mit ein wenig gutem Olivenöl und Salz genießen. Dieser volle Geschmack an Gurke ist kein Vergleich zu gekaufter Ware.
Selbst angebautes und mit viel Liebe gepflegtes Obst und Gemüse schmeckt einfach viel besser.

DER UMWELT ZULIEBE – CO_2 UND DIE NATÜRLICHE KLIMAANLAGE

Balkontüre auf, Gemüse ernten, Balkontüre zu. Lange CO_2-lastige Transportwege vom Feld bis zum Lager und weiter in den Supermarkt bleiben der Umwelt erspart. Oftmals werden die Früchte halbreif geerntet, damit sie den langen Weg und

1. Gärtnern auf dem Balkon ist entspannend und lässt mich den Alltag vergessen.

2. Mit einem Rosenbogen kannst du rankende Pflanzen außerhalb der Beete klettern lassen.

1

2

die Lagerung im Supermarkt überleben und nicht zu schnell verderben. Darunter leidet auch der Geschmack. Die Früchte am Balkon können bis zur vollen Reife an der Pflanze bleiben und ihren kräftigen Geschmack entwickeln.
Ein anderer schöner Nebeneffekt ist die Reduzierung der Sommerhitze in den eigenen vier Wänden. Ein grüner Balkon wirkt ein wenig wie eine natürliche Klimaanlage. Pflanzen, die vor dem Fenster oder uber der Ture ranken, halten zum Teil die Wärme von draußen zurück, die sonst in die Wohnung ziehen würde. Mit einem speziellen Rankgerüst kannst du dir zusätzlich dein Lieblingsplätzchen auf dem Balkon abschatten.

GRÖSSER IST BESSER

Ein weiterer Vorteil von Hochbeeten ist ihr größeres Volumen im Vergleich zu Blumenkästen und Töpfen. Es passen viel mehr Pflanzen in ein Gefäß, indem die größere Menge an Erde nicht so schnell austrocknet wie in einem kleinen Topf.

CHECKLISTE

Was will ich anbauen?

- Welche Art von Hochbeet ist dafür geeignet?
- Ist der Balkon überdacht?
- Gibt es draußen einen Wasseranschluss?
- Wie ist die Lage von meinem Balkon?
- Ist es sehr windig?
- Wie hoch ist die Tragfähigkeit vom Balkon?
- Wer vertritt mich im Urlaub?

Anschaffungen

- das Hochbeet-Gefäß
- hochwertige Erde & Kompost
- Werkzeug wie Schaufel und Rechen/Harken in handlicher Ausführung
- Gießkanne, Schlauch oder Bewässerungssystem
- für größere Pflanzen: Rankgitter, Stützstäbe
- Pflanzen und/oder Saatgut

Standort: Wo steht das Hochbeet am besten?

Ein Hochbeet kann so gut wie überall aufgestellt werden. Auch auf dem kleinsten Balkon findet sich ein Plätzchen. Die Lage und Größe des Hochbeets sowie die Wetterbedingungen auf deinem Balkon sind wichtige Punkte, die du als Grundlage für gutes Gedeihen deiner Pflanzen beachten solltest.

DIE LAGE

Es ist egal, ob dein Balkon in der prallen Sonne, im Halbschatten oder mehr auf der schattigen Seite steht. Für jede Lage gibt es passendes Gemüse, Obst, Kräuter oder auch Zierpflanzen.

Gewächse, die zum Ausreifen der Früchte Wärme und Sonne brauchen, werden im Schatten allerdings keine Freude haben. Einigen Salaten und Kräutern bekommt aber die direkte Sonne im Hochsommer gar nicht gut. Andere wiederum, wie mediterrane Kräuter, können nicht genug Sonnenschein abbekommen. Deshalb ist es wichtig, die Lage deines Balkons zu beachten:

– In welche Himmelsrichtung ist dein Balkon ausgerichtet? Nord, Ost, Süd, West?
– Liegt er mehr im Schatten oder in der Sonne?
– Wie viele Sonnenstunden gibt es pro Tag?

GRÖSSE UND GEWICHT

Je nach Größe und Anzahl der Hochbeete solltest du die maximale Tragkraft deines Balkons im

1

2

3

1. Ein tolles Gefühl, täglich frisches Obst, Gemüse und Kräuter vom Balkon ernten zu können.

2. Auch die Kleinsten sind immer an der Natur interessiert und entdecken viel Neues.

3. Achte auf die maximale Tragkraft des Balkons pro m², wenn du mehrere Beete zusammenstellst.

Auge behalten. Für gewöhnlich sind Balkone heutzutage schon für sehr viel Last ausgerichtet (im Durchschnitt 300 kg pro m²). Wenn du mehrere Beete planst und auf Nummer sicher gehen willst, frag bei deinem Vermieter nach. Beim Gesamtgewicht musst du unbedingt im Hinterkopf behalten:

– das Gewicht des Grundgerüsts: wähle eher eine leichte Holzart, Blech oder Kunststoff

– die Befüllung: Erde, Kompost und Drainage. Frisch gegossen oder nach dem Regen wiegt alles zusammen wesentlich mehr.

EXTREME WETTERBEDINGUNGEN

Damit sind Wind, Sturmböen, Regen und im schlimmsten Fall Hagel gemeint. Das Wetter kann leider nicht beeinflusst werden, trotzdem kannst du dich darauf einstellen und vorbereiten.
Einige Pflanzen reagieren stark auf zu viel Wind oder Sturmböen. Diese sollten dann eher in einem windgeschützten Eck stehen und eventuell extra mit Stäben oder einem Gitter fixiert werden.
Überdachte Balkone bekommen kaum Regen ab. Hier muss vor allem im Sommer mehr gegossen werden, als auf einer Loggia ohne Überdachung.

Modelle: Welche Hochbeete gibt es, welche sind gut?

Mittlerweile gibt es die unterschiedlichsten Modelle in verschiedenen Materialien am Markt. Von vertikalen Hochbeeten über Beete auf Stelzen, bis hin zu kleinen bodennahen Hochbeeten ist wirklich für jeden Balkon und den vorhandenen Platz etwas Passendes dabei.

Vertikales Hochbeet: **DIE EURO-PALETTEN-VARIANTE**

Ein vertikales Hochbeet besteht aus mehreren schmalen Beetkästen übereinander. Diese Variante gibt es fertig zu kaufen, als Holz-, Kunststoff- oder Blechausführung. Eine bekannte Do-it-yourself-Variante ist das vertikale Beet aus einer Euro-Palette.

Vorteile:
– platzsparend, weil die Pflanzen vertikal übereinander wachsen
– Es gibt mehrere Abteile zum Bepflanzen.
– teilweise ist Arbeiten im Stehen möglich
– nachhaltig, weil dabei Euro-Paletten recycelt werden

Nachteile:
– Die einzelnen Gefäße sind kleiner, es passen weniger Pflanzen hinein. Viele Sorten können erst gar nicht angebaut werden, da sie nicht tief genug wurzeln können und zu wenig Halt haben. In einem nicht so tiefen Gefäß hält ebenso kein Stützstab oder Rankgitter.
– Die Erde in den einzelnen Gefäßen trocknet schneller aus.
– Diese Variante eines Hochbeetes sollte an einer Wand stehen oder sogar an diese angeschraubt sein, da es bei starkem Wind umkippen kann.

Stapelbares Hochbeet: **KISTEN-VARIANTE**

Bei dieser Hochbeet-Art werden kleinere Kisten nebeneinander, aber auch in die Höhe übereinandergestapelt. Eine Do-it-yourself-Variante kannst du mit Euro-Kisten aus Kunststoff oder Obstkisten aus Holz nachbauen.

Im Handel gibt es ebenso fertige Module, die nur noch übereinandergesteckt werden müssen. Von Holz über Kunststoff und recyceltem Kunststoff gibt es hier verschiedene Angebote.

Vorteile:
– platzsparend, die Kisten sind übereinander stapelbar
– Es gibt mehrere Kisten zum Bepflanzen.
– teilweises Arbeiten auf Hüfthöhe möglich
– Das Beet steht ein bisschen stabiler, da die Grundfläche etwas größer ist.

Nachteile:
– Auch hier sind die Gefäße für viele Sorten für den Anbau zu klein. Sie können nicht tief genug wurzeln.
– Die Erde in den einzelnen Gefäßen kann schneller austrocknen.
– Stützstab oder Rankgitter sind nur teilweise einsetzbar
– Wenn die Kisten gestapelt werden, kommt leider in den unteren Kisten nicht genug Licht an.

Platz-sparende Kisten

Tipp

Der Platz unter Stelzen-Hochbeeten ist ideal für schattenliebende Kräuter in Töpfen.

Stelzen-Hochbeet

Ein Stelzen-Hochbeet ist ein schmaler Beetkasten auf hohen Beinen. Diese gibt es fix und fertig oder mit ein paar Handgriffen zum selber Zusammenschrauben im Gartenfachmarkt. Diese Tische sind komplett aus Holz, Kunststoff oder aus Blech gefertigt.

Vorteile:

– Platzsparend, ist es ein schmales durchgehendes Gefäß auf Stelzen mit meist einer extra Verstaumöglichkeit im unteren Fach.

– Es können mehrere Pflanzen in einem Gefäß zusammengesetzt werden, das Substrat trocknet nicht ganz so schnell aus.

– Arbeiten auf Hüfthöhe

Nachteile:

– kann bei starkem Wind durch die langen Beine ins Wanken kommen

– Wegen der geringen Tiefe werden hier Stützstäbe und Rankgitter ebenfalls nicht gut halten.

– Einige Pflanzen können nicht angepflanzt werden, weil die Wurzeln hier nicht tief genug wachsen und die Pflanzen keinen guten Halt bekommen.

Hochbeet-Kasten

Ein Hochbeet-Kasten für den Balkon ist ein klassisches Hochbeet nur in Miniaturgröße, angepasst auf die Balkonverhältnisse.

Die Auswahl an Gemüse und Obst, die in einem Hochbeet-Kasten angebaut werden können, ist um einiges größer. Wegen der größeren Menge an Erde können auch Obst und größere Gemüse mit Rankhilfen angepflanzt werden.

Von den schwarzen Trögen aus Kunststoff aus dem Baumarkt rate ich ab, da sich diese bei Sonneneinstrahlung sehr stark aufheizen. Dadurch trocknet nicht nur das Substrat schnell aus, auch die Wurzeln können bei zu starker Hitze unterirdisch verbrennen.

Vorteile:
– mehr Substrat, mehr Nährstoffe: Pflanzen können tiefer wurzeln
– Substrat trocknet weniger schnell aus
– Pflanzen stehen näher am Boden und sind windgeschützter
– Stützmöglichkeiten wie Stäbe und Rankgitter können besser verankert werden.
– Da der Schwerpunkt bodennahe ist, steht es stabiler und muss nicht extra befestigt werden. Ideal bei Wohnungen, bei denen es verboten ist, an der Außenwand zu bohren

Nachteile:
– hat vom Gesamtvolumen das meiste Gewicht
– Arbeit auf Knien

DIY: EINFACHES HOCHBEET SELBST BAUEN

In 7 Schritten zum Hochbeet

Material zum Bauen für Hochbeet-Kasten 80 × 40 × 40 cm

Außenbretter: Hierzu eignen sich Dielenbretter z. B. aus Douglasie, da diese wetterbeständiger sind.
– 6 Stück: 80 cm lange Latten für die Längsseiten (Breite 14 cm)
– 6 Stück: 40 cm lange Latten für die Breitseiten (Breite 14 cm)

Holzstaffeln für den Zusammenhalt der Außenbretter
– 4 Stück: 4 × 4 cm Staffel, ca. 39 cm lang
– 2 Stück: 2 × 4 cm Staffel, ca. 65 cm lang
– 6 Stück: 2 × 8 cm Staffel, ca. 39 cm lang

Sonstige Materialien: Winkel, Schrauben, Holzleim, Tackermaschine, Teichfolie

1. Die kurze Seite des Beetkastens: Drei der 40-cm-Latten mit zwei 4 × 4 Staffeln an den Enden mit sechs Winkeln zusammenschrauben. Wichtig: Die 4 × 4 Staffel am Ende 1–2 cm drüberstehen lassen, damit das Beet später nicht direkt am Boden steht, sondern auf kleinen Füßen. Das Gleiche machst du ein zweites Mal für die zweite Breitseite.

2. Nun kommen die Bretter der Längsseiten zum Einsatz. Drei Stück zusammenlegen, auf die unterste Latte wird die 2 × 4 Staffel mittig angeleimt und angeschraubt. Auf dieser Staffel liegen später die Bodensprossen. Bei den weiteren drei Latten machst du genau dasselbe noch mal.

3. Die langen Latten werden nun mit den kurzen Latten auf den 4 × 4 Staffeln mit weiteren Winkeln zusammengeschraubt, bis eine geschlossene Kiste entsteht. Ich muss zugeben, mit nur zwei Händen ist es ein wenig schwierig, dass alles exakt an den Kanten abschließt. Hol dir ein paar helfende Hände und leime die Bretter für einen besseren Halt zusätzlich zusammen.

4. Wenn die Wände miteinander verbunden sind, kannst du nun die Holzkiste aufstellen. Jetzt fehlt innen nur noch der Boden.

5. Für den Boden brauchst du die sechs 2 × 8 Staffeln. Innen in der Kiste kommt Leim auf den unteren Staffelrahmen der Längsseite, und die sechs Staffeln werden mit Abstand darauf geklebt. Sieht einem Lattenrost ähnlich und hilft später, dass überschüssiges Wasser besser abfließen kann.

6. Wenn der Leim getrocknet ist, wird der Innenraum der Holzkiste mit Teichfolie ausgelegt und für einen guten Halt angetackert.

7. Zu guter Letzt den Boden der Teichfolie unbedingt mit Löchern versehen, damit das Wasser abfließen kann. Fertig ist dein selbst gebauter Hochbeet-Kasten.

Rank- und Stützhilfen für Hochbeet-Pflanzen

Stützstäbe und Rankgitter sind sehr wichtige Hilfsmittel am Balkon. Viele Pflanzen brauchen von Beginn an einen Stützstab für einen besseren Halt, damit sie nicht abknicken. Rankende Pflanzen brauchen ein Gitter, um in die Höhe wachsen zu können. Nicht zu unterschätzen ist der Wind auf Balkonen in höheren Etagen, da kann schnell einmal ein Ast abbrechen – das ist besonders ärgerlich, wenn dieser schon viele Früchte getragen hat.

Stützstab

Stützstäbe gibt es in den verschiedensten Ausführungen: dünne und dicke Stäbe aus Holz, Kunststoff und Metall. Mit kleinen Stäben kannst du z. B. Paprika- und Chilipflanzen stützen, abgeblühte Stiele von Sonnenblumen können dafür wunderbar genutzt werden. Mit längeren Stäben lassen sich Himbeersträucher in Form bringen.

Stütze aus Bambus

Klassisches vertikales Gitter

Das klassische vertikale Gitter ist gut für rankende Pflanzen. Es steckt vertikal im Hochbeet, je tiefer, desto stabiler. Zur Not kann es auch an das Hochbeet oder an die Balkonwand angeschraubt werden.
Vertikale Rankgitter sind z. B. ideal für Gurkenpflanzen und Bohnen.

Rundgitter/Zylinder

Das Rundgitter ist eine Mischung aus Stützstab und Rankgitter. Ein Rankgitter in runder Stabform also.

Diese Art von Gitterstütze nehme ich gerne für Tomatenpflanzen. Sie stützt die groß gewachsene Pflanze und gibt zudem noch den Seitentrieben halt, welche mit der Zeit durch die schweren Früchte viel Last tragen müssen.

Aus Erfahrung kann ich sagen, dass in einem Rundgitter die Pflanzen bei Wind und Sturmböen viel besseren Halt haben. Tomatenpflanzen, die nur an einem Stab befestigt sind, lösen sich oder knicken trotzdem ab.

Natürliche Rankhilfen

Neben Stäben und Rankgittern gibt es noch eine ganz besondere Art von Rankhilfen:

– **Maispflanzen:** Die Maispflanze wächst sehr hoch und ist gut in der Erde verwurzelt. Der Stamm ist fest, trotzt jedem Wind und ist deshalb ideal zum Ranken. Vergiss nicht, den Mais früh genug anzupflanzen, damit dieser schon kräftig genug ist, wenn andere einjährige Pflanzen an ihm hochranken und sich festhalten sollen. Die Ernte von Maiskölbchen ist überraschenderweise am Balkon ebenso möglich.
– **Sonnenblumen:** Die Sonnenblume blüht nicht nur wunderschön, sie lockt auch mit ihren Kernen viele kleine Vögel an. Mit ihrem dicken Stamm hält sie dem Wind stand, einjährige, rankende Pflanzen können sich hier gut festhalten.

Rosenbogen

Die klassischen Rosenbögen, die es im Gartencenter zu kaufen gibt, sind meist zu breit und zu groß für den Balkon. Du kannst dir jedoch aus mehreren vertikalen Rankgittern im Handumdrehen deinen eigenen Bogen bauen.

1. Du benötigst drei vertikale Rankgitter.
2. Eines dieser Rankgitter wird der obere Teil des Bogens. Dieses Gitter biegst du in eine halbrunde Form. Je schmäler du es biegst, desto schmäler wird der Bogen und der Durchgang später sein.
3. An den zwei Enden des gebogenen Gitters wird jeweils eines der zwei geraden Gitter mit einem Stück Draht, Seil oder Kunststoff angebunden.
4. Den nun entstandenen Bogen musst du nur noch in zwei gegenüberliegende Hochbeete stecken. Ich habe sicherheitshalber die Enden des Bogens auch an das Holz des Hochbeets angeschraubt.

Minibogen

Wer nicht ganz so hoch bauen will, für den gibt es die Möglichkeit eines Minibogens. Dieser ist ebenfalls ein Hingucker am Balkon und eine Abwechslung zu sonstigem Gestänge.

1. Du benötigst ein vertikales Rankgitter.
2. Die Enden des Rankgitters biegst du ein wenig zusammen, bis ein Bogen entstanden ist.
3. Die Enden steckst du in das Hochbeet.

Diese kleinen Minibögen eigenen sich perfekt, um wilde und buschige Pflanzen wie Erbsen in Form zu bringen, damit diese nicht nur am Boden wild vor sich hin wuchern. Die Luft kann darunter besser zirkulieren und die Früchte müssen nicht zwangsweise auf der Erde liegen oder sogar auf feuchter Erde verfaulen.

HOCHBEET-BEPFLANZUNG

Welche Pflanzen haben im Hochbeet Platz?

Meiner Erfahrung nach haben viel mehr Pflanzen in einem Beet Platz als oft auf Samentütchen angegeben wird. Man darf natürlich den Nährstoffbedarf der einzelnen Pflanzen nicht missachten. Die Lichtverhältnisse und Luftzirkulation zwischen den Pflanzen spielen ebenso eine wichtige Rolle.

1

CLEVERE ANORDNUNG

Es gibt eine Vielzahl an verschiedenen Wuchsformen unter den Gemüse- und Obstpflanzen. Von großen und kleinen über hochkletternde und herunterhängende Pflanzen bis hin zu Bodendeckern passt gut arrangiert alles in ein Hochbeet. Der Mix und die richtige Anordnung macht vieles möglich.

Große Pflanzen

Große Beeren- und Gemüsepflanzen nehmen einen Großteil des Beetes am Balkon ein. Je nach Hochbeetgröße passen 1–2 Exemplare hinein.
Zum Beispiel: Tomate, Himbeere, Johannisbeere, Physalis, Chili, Paprika, Zucchini, Aubergine

Kleinere Pflanzen

Kleine Pflanzen haben zwischen den großen Pflanzen noch genügend Platz. Zum Beispiel: Zwiebel, Lauch, Knoblauch, Spinat, Mangold, Kohlrabi, Möhre, Radieschen, Bete, Salate

Kletterpflanzen

Wenn du an der Seite ein Rankgitter montierst, können so auch noch problemlos rankende Pflanzen wie Gurke, Erbse oder Bohne im Beet Platz finden.

Hängende Pflanzen

Pflanzen mit hängendem Wuchs wachsen wunderbar aus dem Beet heraus. Sie nehmen so keinen anderen den Platz weg und beschatten zudem

1. Salate sind perfekte Bodendecker und kommen mit dem wenigen Licht unter großen Pflanzen gut zurecht.

2. Größere Pflanzen können unten ausgelichtet werden, um mehr Platz für darunter wachsende Gemüse zu schaffen.

2

auch noch das Beet von außen.
Zum Beispiel: Erdbeeren, hängende Kräutersorten, Kapuzinerkresse, aber auch bei Tomaten gibt es hängende Sorten.

Bodendecker

Bodendeckende Pflanzen sind die ideale Alternative zum Mulchen: sie schützen die Erdoberfläche vor der prallen Sonne und der zu schnellen Austrocknung, ebenso verschlammt der Boden nach ein paar Tagen Regen nicht, sondern bleibt locker und atmungsaktiv.
Zum Beispiel: Pflücksalate, Kapuzinerkresse, Brunnenkresse, Erdbeeren, Spinat, Möhre, Radieschen und Kräuter

PFLANZEN MIT ÄHNLICHEN BEDÜRFNISSEN KOMBINIEREN

Leider vertragen sich nicht alle Pflanzen im selben Beet gleich gut.

Nährstoff- und Wasserbedarf

Vor dem Zusammensetzen der Pflanzen musst du unbedingt ihren Nährstoff- und Wasserbedarf aufeinander abstimmen. Um eine ausgeglichene Nährstoffverteilung zu garantieren, würde ich nicht zu viele Starkzehrer zusammen in ein Beet setzen. Hier empfiehlt sich ein Mix aus Stark-, Mittel- und Schwachzehrern.
Starkzehrer: Aubergine, Gurke, Mais, Tomate, Paprika/Chili, Physalis, Zucchini, Kürbis, Knollensellerie, Brokkoli

Bohnen können über einen Rosenbogen gezogen werden und erweitern so das Beet in die Höhe.

Mittelzehrer: Zwiebel, Lauch, Knoblauch, Spinat, Mangold, Kohlrabi, Möhre/Karotte, Rote Bete, Pflücksalat
Schwachzehrer: Erbse, Bohne, Radieschen, Feldsalat, Rucola, Asia-Salate, Kresse.
Der Wasserbedarf der Pflanzen sollte auch ungefähr ähnlich sein. Pflanzen, die viel Wasser brauchen, nicht mit mediterranen Kräutern, die es gern trocken haben, zusammensetzen.

Lichtverhältnisse

Für gewöhnlich gibt es genug Licht für alle, auch wenn die groß gewordenen Pflanzen viel Schatten werfen. Wenn mehrere Pflanzen in ein Hochbeet gesetzt werden, musst du beachten, was wo eingepflanzt wird. Größere Pflanzen erzeugen mehr Schatten und nehmen den dahinter und darunter stehenden Pflanzen die Sonne weg. Das kann man sich jedoch zunutze machen, indem man große Pflanzen mit kleineren, schattenliebenden zusammensetzt.
Diese Pflanzen mögen viel Sonne: Kartoffel, Süßkartoffel, Tomate, Paprika, Chili, Gurke, Zwiebel, Knoblauch, Basilikum, Dill, Thymian, Oregano, Salbei und auch Erdbeere und Himbeere.
Diese Pflanzen brauchen auch einmal Pause vom Sonnenschein und freuen sich über ein halbschattiges Plätzchen: Salate, Spinat, Mangold, Kohlrabi, Möhre, Radieschen, Bete, Erbse, Bohne, Zucchini, Lauch, Petersilie, Schnittlauch, Minze, Tagetes, Kapuzinerkresse.
Ein Beispiel für eine Licht-Schatten-Symbiose wäre z. B. Pflücksalat im Schatten von Bohnenranken oder den Boden der Johannisbeere mit Erdbeeren zu bedecken.

1. Die Wurzeln der Johannisbeere wachsen flach unter der Erdoberfläche und brauchen Schutz vor Sonneneinstrahlung und zu schneller Erdaustrocknung. Erdbeeren spenden den nötigen Schatten.

2. Je mehr Sonne Himbeeren bekommen, desto süßer werden sie.

1

2

Erde und Substrat

Pflanzen haben verschiedene Bedürfnisse, was den Boden betrifft. So wachsen nicht alle Pflanzen in ein und demselben Erdreich gleich gut. Sandige Böden für Pflanzen, die Trockenheit mögen. Humusreiche Erde mit Wasserspeicher für die Durstigen.

NORMALE PFLANZENERDE

Das heißt aber nicht, dass du viele verschiedene Säcke mit unterschiedlicher Pflanzenerde kaufen musst. Für den Anfang reicht im Hochbeet-Kasten normale humusreiche Erde.

NORMALE PFLANZENERDE FÜR SPEZIELLE PFLANZEN ANMISCHEN

Bei Pflanzen wie z. B. Lavendel, Rosmarin oder Thymian, die es gerne mediterraner zwischen den Wurzeln mögen, kannst du einfach ein wenig Sand in die Erde mischen.
Beerensträucher brauchen Erde mit leicht saurem pH-Wert (5,5 bis 6), sie lieben daher eine 3 cm dicke Mulchschicht aus Rindenmulch genauso wie eine Düngung mit Kaffeesatz zwischendurch.

AUGEN AUF BEIM SUBSTRATKAUF!

Pflanzensubstrat wird oft mit Torf vermengt. Es handelt sich hierbei um ein organisches Material, welches in Hochmooren abgebaut wird. Im Pflanzensubstrat nimmt Torf ein Vielfaches an Wasser auf, speichert es und die Erde bekommt durch ihn eine aufgelockerte und leichtere Struktur. Klingt für unsere Pflanzen sehr vielversprechend, aber hinterlässt einen bitteren Beigeschmack, da die Umwelt enorm geschädigt wird. Durch den Abbau von Torf werden viele Lebensräume von Tieren und Pflanzen dauerhaft zerstört. Zudem wird bei der Trockenlegung der Moore einiges an CO_2 freigesetzt.
Es gibt umweltfreundlichere Wege, um Erde feucht und locker zu halten. Deshalb Augen auf beim Kauf und Finger weg von torfhaltiger Erde. Am besten liest du vor dem Kauf wirklich das Kleingedruckte auf dem Erdsack (häufig steht „torffrei“ prominent auf den Erdsäcken). Auch torfreduzierte Erde ist keine ideale Lösung, da auch bei dieser Substratform in die Umwelt eingegriffen wird.

Gründüngung

Bei der Gründüngen kannst du Klee oder Lupinen einfach nach der Gemüseernte im Herbst aussäen. Diese Pflanzen reichern den Boden dann mit Stickstoff an. Das Grünzeug bleibt über den Winter auf der Erde und darf dort verrotten. Sobald der Frühling kommt, werden die Reste der Gründüngung in die Erde eingearbeitet.

1. Alte Erde wird jedes Jahr durch eine Schicht Kompost wieder mit Nährstoffen angereichert.

2. Erde für mediterrane Pflanzen selber mischen: einfach normale Erde mit einem Drittel Sand vermengen.

1

2

QUALITÄT UND LAGERUNG

Der Preis der Erdsäcke muss kein Zeichen für gute Erde sein. Achtet, wie oben schon erwähnt, auf die Inhaltsstoffe (torffrei). Auch wie und wo die Erde gelagert wird ist wichtig. Die Erdsäcke sollten atmungsaktiv oder mit Luftlöchern versehen sein und überdacht gelagert werden. Vom Regen durchnässte Erdsäcke fangen leicht zu schimmeln an oder können Schädlinge hervorbringen. Keiner will schließlich den Sack zu Hause öffnen und gleich von einer Armee kleiner Mücken begrüßt werden, die später Schaden anrichten können.

ERDE JÄHRLICH WECHSELN?

Die Erde vom Vorjahr muss nicht immer gewechselt werden. Erde ist an sich nur ein Trägermaterial und kann mit frischem Kompost und organischen Düngemittel Jahr für Jahr wieder neu belebt und aufgefrischt werden.
Im Frühjahr bereitest du die Erde der Hochbeete mit Zugabe von Kompost für die neue Saison vor. Kompost ist reich an Stickstoff und verbessert zudem die Bodenstruktur. Regelmäßiges Düngen mit organischen Düngern gibt der Erde einen extra Kick an neuen Nähstoffen.

DIY: HOCHBEET BEFÜLLEN

Für 80 × 40 × 40 cm Hochbeet-Kasten

1. Als erstes kommt eine stabile Welleinlage mit Löchern oder ein grobes Gitter hinein, um die folgende Drainageschicht zu stabilisieren.

2. Drainage gegen Wurzelfäule schichten: aus grobem Kies, Steinen, Lavasteinen, Drainagekugeln oder speziellen Drainageeinlagen aus Kunststoff. Eine 5 cm-Schicht ist ausreichend. Diese verteilen, bis die Welleinlage komplett ausgefüllt ist. So bleiben die Pflanzenwurzeln nicht zu lange im Wasser stehen.

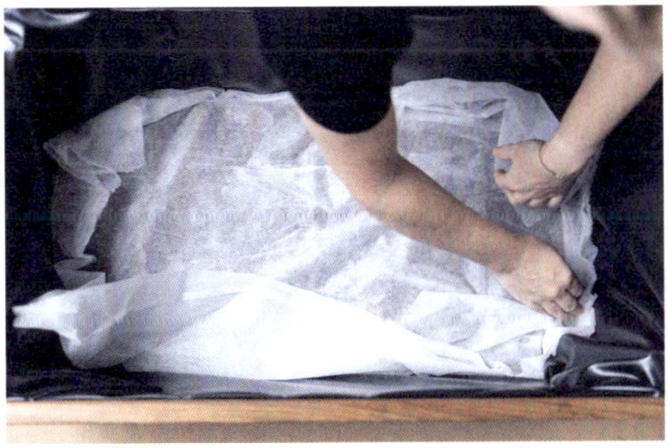

3. Vlies verlegen. Damit sich die Drainage nicht mit der Erde vermischt, müssen diese zwei Schichten getrennt werden. Der Stoff sollte so fein sein, dass das Wasser ohne Probleme durchfließen kann, jedoch auch die feinen Erdkrümel auffängt. Vlies ist hier die beste Option. Eine einfache Lage Vliesstoff bis an den Rand und in die Ecken verlegt, reicht aus.

4. Mit Substrat befüllen. Zum Schluss den Hochbeet-Kasten mit einem Mix aus normaler Erde und Komposterde befüllen: Ein Teil Kompost und drei Teile Erde, so ist ein extra Anteil an Nährstoffen für deine Pflanzen gesichert. Befülle das Beet nicht ganz bis zum Rand, sondern lass einen kleinen Abstand, sodass du später eine weitere Schicht Kompost zum Düngen auslegen kannst.

Eigene Jungpflanzen

Jungpflanzen kannst du selber ziehen oder auch ab Saisonbeginn in Gärtnereien kaufen. Beide Möglichkeiten haben ihre Vor- und Nachteile. Es ist oft eine Frage der Zeit und des Aufwands, der mit der eigenen Aussaat einhergeht. Auch der Kostenpunkt spielt für viele eine Rolle.

Wenn du Jungpflanzen im Gartencenter oder auf Bio-Pflanzenmärkten kaufst, solltest du darauf achten, dass die Setzlinge gesund aussehen, keine Krankheiten aufweisen oder Schädlinge zu sehen sind. Auch die Erde sollte frei von Trauermücken – und deren Wurmlarven – sein.
Es gibt Pflanzen, die schwieriger oder langwieriger in der Anzucht aus Samen sind, z. B. mediterrane Kräuter oder Schnittlauch. Hier zahlt sich der Kauf einer vorgezogenen Jungpflanze aus. Bei Bedarf lassen sie sich auch per Teilung oder Steckling einfach vermehren (siehe Seite 34 und 35).

DIE MÜHE LOHNT SICH!

Jungpflanzen sind viel Arbeit und brauchen jede Menge Aufmerksamkeit. Es macht jedoch umso mehr Freude, wenn du deine Pflanzen selber aufziehst und dir bewusst wird, wie du aus so einem kleinen Samen eine Pflanze herangezogen hast – es ist ein erhebendes Gefühl, zu sehen, wie das Saatkorn keimt und mit aller Kraft durch die Erdoberfläche drückt, um sich in Richtung Licht zu strecken.

Die Pflanzenanzucht aus Samen ist eigentlich keine große Hexerei, dennoch können Fehler passieren, deren Auswirkungen sich mitunter erst später zeigen. Pflanzen, die durch zu viel oder zu wenig Wasser, falsche Keimtemperatur, zu trockene Luft und zu wenig Licht gestresst sind, werden schneller von Krankheiten und Schädlingen befallen. Je weniger sie am Anfang zu kämpfen haben, desto besser gedeihen sie und sind widerstandsfähiger.
Wenn du Jungpflanzen selber ziehen willst, sollst du die folgenden Punkte beachten.

GUTES UND SAMENFESTES BIO-SAATGUT

Wenn du deinen reifen Früchten Samen für das nächste Jahr entnimmst, musst du bei der ersten Anzucht samenfestes Saatgut kaufen und darfst keine F1-Hybridsamen verwenden. F1-Hybridpflanzen sind von den Saatgutherstellern so gezüchtet, dass man aus ihren gewonnenen Samen keine neuen leckeren und erntefähigen Pflanzen aufziehen kann. Samenfestes Saatgut hingegen

1

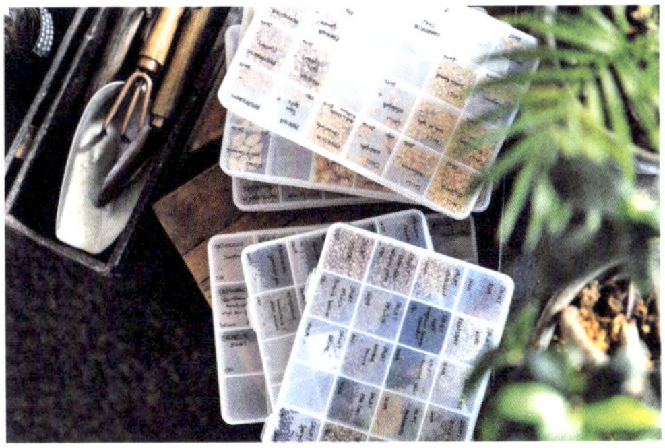

2

3

lässt sich immer wieder aufs Neue anpflanzen und weiter vermehren. Die Pflanzenvielfalt für die nächsten Generationen ist somit gesichert.

QUALITATIV HOCHWERTIGE ANZUCHTERDE

Anzuchterde hat kaum Nährstoffe. Das ist am Anfang der Anzucht wichtig, damit sich die kleinen feinen Wurzeln auf die Suche nach Nährstoffen begeben und ein gutes Wurzelwerk bilden. Achte darauf, dass die Anzuchterde im Garten-/Baufachmarkt gut und trocken gelagert wird. Zu feuchte Erde ist ein Paradies für Trauermücken. Das erkennst du daran, wenn dir beim Öffnen des Erdsacks gleich ein paar kleine Mücken entgegenfliegen.

1. Saatgutboxen bieten, schön beschriftet, einen tollen Überblick über den eigenen Bestand.

2. Damit in der Anzuchterde keine Keime und Schädlinge sind, rate ich, die Anzuchterde vor der Aussaat im Backofen zu erhitzen. Dazu die Erde auf einem Backblech verteilen und bei 150 Grad Ober-Unterhitze etwa 20 Minuten backen. Abkühlen lassen und vor der ersten Verwendung mit Wasser einsprühen. Die komplett trockengebackene Erde braucht ein wenig länger, um wieder Wasser aufnehmen zu können.

3. Jungpflanzen kaufen

Torffrei gärtnern!

1

2

3

TEMPERATUR UND LICHT

Samen, die zum Keimen viel Wärme brauchen, fühlen sich auf einer sonnigen Fensterbank, wenn nicht sogar auf einer mäßig warmen Heizung, am wohlsten (z. B. Aubergine, Tomate, Paprika, Chili, Physalis, Zucchini, Gurke, Kürbis). Andere wiederum lieben es ein wenig kühler und können durchaus gleich direkt im Freien ausgesät werden (z. B. Mangold, Spinat, Lauch, Feldsalat, Rote Bete, Bohne, Erbse).

Alle Aussaaten sollten immer mit genug Licht versorgt werden. In den meisten Fällen reicht der Platz auf einer sehr hellen Fensterbank aus. Stehen sie zu dunkel, vergeilen die Pflänzchen: Sie suchen nach Licht und schießen in kürzester Zeit in die Höhe, die Triebe werden unnatürlich lang und immer länger.

ANZUCHTTÖPFE

Für die Anzucht auf der Fensterbank gibt es viele verschiedene Arten an Gefäßen.

– Kunststofftöpfe: Der Klassiker sind einfache kleine Kunststofftöpfe. Auch, wenn diese aus Plastik sind, ist zu berücksichtigen, dass sie jedes Jahr wie-

Abbaubare Anzuchttöpfe

1. Quelltabs aus Kokosfaser
2. Zellulose-Töpfe, leider mit Torfanteil
3. Zeitungspapier recyceln und Töpfe aus Papier selber falten

Während der Keimung die Töpfe mit einer Plastikhaube zudecken, damit es darunter feucht und warm bleibt. Regelmäßiges Lüften nicht vergessen!

derverwendbar sind und du dabei Geld sparen kannst. Erde in Plastiktöpfen trocknet außerdem nicht so schnell aus, was bei der Keimung ein wichtiger Punkt ist.

– Torftöpfe: Diese sind abbaubar und können bei der Auspflanzung mit in die Erde gesetzt werden. Nachteil daran ist, dass sie jedes Jahr zur Anzucht neu gekauft werden müssen. Außerdem muss Torf zur Herstellung abgebaut werden, was alles andere als nachhaltig und umweltfreundlich ist.

– Kokos-Quelltabletten: Hier hast du Gefäß und Substrat in einem. Jedoch kann hier immer nur ein Samen pro Quelltablette ausgesät werden, da die Setzlinge im Kokos-Substrat festwachsen und sich später nicht pikieren lassen. Auch bei dieser Variante kann man den Setzling später direkt mit dem Pflanztöpfchen ins Freie setzen. Genau wie Torftöpfe müssen auch Kokos-Quelltabletten jedes Jahr zur Anzucht neu gekauft werden.

SAATGUT-TIEFE

Wer sich auf Anhieb nicht gleich erinnern kann, wie tief der Samen nun gesetzt werden muss, sollte sich nur merken: „Der Samen wird doppelt so tief gesetzt wie er selber groß ist“ – das trifft hauptsächlich auf die sogenannten Dunkelkeimer mit großen Samenkörnern zu, wie Erbse, Bohne, Gurke, Kürbis, Kapuzinerkresse, Mangold.

Dann gibt es noch die Lichtkeimer (z. B. Tomate, Physalis, Basilikum). Wie der Name es schon verrät, brauchen Lichtkeimer das Licht, damit sie gut keimen können. Diese meist sehr winzigen Samen werden daher nur oberflächlich auf die Erde gestreut und leicht angedrückt. Beim Gießen ist Vorsicht geboten: Die Samen dürfen nur leicht mit Wasser angesprüht werden, sonst schwimmen sie davon.

WASSER UND LUFTFEUCHTIGKEIT

Feuchte Erde ist ein ganz wichtiger Punkt, damit das Saatgut zum Keimen kommt. Das ist vor allem anfangs eine Herausforderung: Saatgut mag es warm, jedoch trocknet dadurch die Erde schneller aus, ist die Erde aber zu nass, fördert das wiederum Schimmel und Schädlinge.

Die tägliche Kontrolle ist zu Beginn zwar viel Arbeit, sie zahlt sich jedoch aus. Je gesünder die Setzlinge heranwachsen, desto stärker und resistenter sind sie später gegen Schädlinge und andere Einflüsse.

Tipp

Bei großem Saatgut wie der Bohne oder Saatgut mit einer härteren Schale empfiehlt es sich, dieses vorquellen zu lassen. Die Samen werden dabei in einem Glas mit Wasser über Nacht oder sogar 24 Stunden eingelegt. Anschließend gleich aussäen und die Erde weiterhin feucht halten.

1

2

3

4

AUSGESÄTE KEIMLINGE GROSS UND STARK MACHEN

Die ausgesäten Keimlinge wachsen und werden immer größer. Im Anzuchtbehälter wird es bald zu eng für alle Setzlinge. Deshalb werden die einzelnen Pflänzchen pikiert.

Jungpflanzen pikieren

Sobald Keimlinge die ersten zwei bis drei pflanzentypischen Blätter haben, trennt man die Setzlinge voneinander und setzt sie jeweils in einen eigenen Topf.

Dazu nimmst du durch leichtes Rütteln mit Hilfe eines Stabs, das Pflänzchen aus der Erde und löst vorsichtig die Wurzeln von den anderen Setzlingen. Wenn sich die Wurzeln nicht gut trennen lassen, versuche den kompletten Erdballen vom Anzuchtgefäß in einer Schale mit Wasser zu lockern.

Pikieren Schritt für Schritt

1. Dicht angesäte Pflänzchen müssen ausgedünnt werden.
2. Den ganzen Erdballen herausnehmen
3. Die einzelnen Pflänzchen vorsichtig voneinander trennen
4. Vereinzelt in die Erde setzen

Beim Pikieren solltest du die nicht so gut entwickelten Setzlinge aussortieren und wirklich nur mit den stärksten und schönsten Pflänzchen weitermachen.
Die vereinzelten Setzlinge kommen jeweils in einen größeren Topf mit normaler Erde. Sie werden sich über die Nährstoffe in der neuen Erde freuen und mit dem hinzugewonnenen Platz so richtig mit dem Wachstum loslegen.

Jungpflanzen abhärten

Wenn die Setzlinge in ihrem neuen Topf erst einmal angewachsen sind, kommt auch schon der nächste Schritt, um sie auf das Leben im Freien vorzubereiten: das Abhärten.
Wird eine Pflanze, die das Mikroklima in der Wohnung gewohnt ist, sofort ins Freie gestellt, droht ihr Sonnenbrand auf den Blättern, ebenso würden kühlere Temperaturen und Wind sie sehr schwächen.
Deshalb müssen Setzlinge schrittweise an die Gegebenheiten im Freien angepasst werden:

1. Zuerst werden die Setzlinge draußen nur für ein paar Stunden und bei warmen Temperaturen an einen windgeschützten und schattigen Platz gestellt. Die Nacht verbringen sie wieder auf dem Fensterbrett.
2. Nach ein paar Tagen dürfen sie schon ein wenig Wind und späte direkte Nachmittagssonne genießen.
3. Tage später kannst du ihnen immer mehr Sonnenstunden und Wind zumuten, bis sie sich ganz daran gewöhnt haben.
4. Je nach Wetterlage kann die Prozedur des Abhärtens 2 bis 3 Wochen dauern.

1. Du kannst löffelweise kalten Brennnesseltee zur schwachen Düngung und Vorbeugung von Schädlingen einsetzen.

2. Abhärten der Setzlinge an der frischen Luft: von Schatten zu immer mehr Sonne steigern

1

2

Neue Pflanzen durch Steck-linge, Teilung und Ausläufer

Aus Samen kannst du dir mit etwas Geduld eigene Junpflanzen ziehen. Schneller geht es meist, wenn du von größeren Pflanzen kleine Triebe (Steck-linge) abschneidest, ihren Wurzelballen teilst oder lange Ranken abtrennst.

Vermehrung durch Stecklinge

Ein Steckling ist ein abgeschnittener Zweig oder Trieb einer Pflanze, der neue Wurzeln bekommt und zur eigenständigen Pflanze wird. Diese Art der Vermehrung wird zwar bei Gemüsepflanzen weniger angewendet, mehrjährige Kräuter wie Rosmarin, Thymian, Oregano oder auch Lavendel lassen sich aber gut per Steckling vermehren.

Dazu musst du nur mit einem scharfen Messer einen kleinen Zweig oder Trieb mit etwa drei Blattpaaren von der Mutterpflanze abschneiden, ohne den Stiel und die Schnittstelle zu quetschen. Das untere Ende des Triebs sollte von Blättern befreit werden und kann, je nach Pflanzenart, direkt in die feuchte Anzuchterde gesteckt werden. Du kannst den Steckling auch in einem Glas mit Wasser wurzeln lassen und ihn dann in die Erde umsetzen. Im Wasser lassen sich z. B. die Stängel vom Basilikum sehr gut vermehren.

Vermehrung durch Teilung

Bei der Teilung wird die Pflanze mit dem Wurzelballen geteilt. Dazu gräbst du die ganze Pflanze mit den Wurzeln aus der Erde aus und schneidest den Wurzelballen in zwei oder mehrere Teile. Nach der Teilung werden die einzelnen Wurzelteile jeweils wieder in ein eigenes Gefäß mit frischer Erde eingepflanzt.

So werden aus einer Pflanze ganz einfach mehrere Pflanzen.

Bestes Beispiel ist der Basilikum aus dem Supermarkt, der immer viel zu eng gesetzt wird. Aus einem Topf kann man oft drei bis vier Basilikumpflanzen durch Teilen erhalten.

Die Vermehrung durch Teilung geht ebenso gut bei: Schnittlauch, Liebstöckel, Minze, Melisse, Oregano

Brutzwiebeln leicht verpflanzen

Vermehrung durch Knollen und Zwiebeln

Manche Zier- und Gemüsepflanzen bilden Knollen und Zwiebeln aus, über die sie sich oft leichter und schneller vermehren lassen, als über den Samen. Traubenhyazinthen beispielsweise bilden ganz viele Brutzwiebeln, über die sie sich schnell im Gefäß ausbreiten (wenn Platz), oder die einfach abgetrennt und woanders wieder eingepflanzt werden können. Beim Knoblauch nimmt man einzelne Zehen und steckt sie wieder in die Erde. Bei Knollenpflanzen lassen sich aus den Wurzelknollen oder Teilstücken mit Auge neue Pflanzen heranziehen, z. B. bei Dahlien.

Ranken in Wasser legen

Vermehrung durch Ausläufer

Die Erdbeere ist das beste Beispiel für die Vermehrung durch Ausläufer. Sie bildet viele und lange Ranken, an denen neue, kleine Erdbeerpflänzchen wachsen.

Es gibt zwei verschiedene Methoden, Ausläufer zu kultivieren:

1. Wenn sich Blätter an den langen Erdbeerranken bilden, kannst du die Ranken abschneiden und in Wasser legen. Binnen einer Woche sollten sich Wurzeln zeigen. Dann können die neuen Pflänzchen in die Erde gesetzt werden und eigenständig weiterwachsen.
2. Die Ranken werden an der Mutterpflanze belassen. Lediglich die neuen kleinen Triebansätze müssen mit feuchter Erde in Verbindung kommen, damit diese Wurzeln bilden können. Dazu fixierst du die Ranke am besten mit einem Stück Draht an der Erdoberfläche. Sobald die neuen Triebe festgewurzelt sind, können die Jungpflanzen (Kindel) von der Mutterpflanze abgetrennt werden.

→ Tomaten sind ein beliebtes Naschgemüse auf dem Balkon mit unzähligen, leckeren Sorten. Durch Samen können sie leicht vermehrt werden. Achtet auf Bio-Saatgut und Sorten, die weniger anfällig für Kraut- und Braunfäule sind.

WAS LÄSST SICH WIE VERMEHREN?

Vermehrung durch Samen
Tomate, Gurke, Zucchini, Paprika, Chili, Aubergine, Erbse, Bohne, Lauch, Spinat, Mangold, Kohlrabi, Möhre, Radieschen, Bete, Fenchel, Salate, Physalis, Basilikum, Petersilie, Dill, Kapuzinerkresse, Gewürztagetes, Sonnenblume, Ringelblume, Frauenmantel, Koriander

Vermehrung durch Stecklinge
Himbeere, Johannisbeere, Rosmarin, Thymian, Salbei, Lavendel, Oregano, Basilikum, Minze, Koriander

Vermehrung durch Teilung
Schnittlauch, Basilikum, Petersilie, Liebstöckel, Minze, Melisse

Vermehrung durch die Knolle
Krokus, Gladiole, Freesien, Dahlie

Vermehrung durch die Zwiebel
Speisezwiebel, Knoblauch, Schneeglöckchen, Hyazinthe und Traubenhyazinthe, Narzisse, Tulpe, Blaustern

Vermehrung durch Ausläufer
Erdbeere, Minze (Wurzel)

Pflanzung: Was muss ich beachten?

Es kitzelt schon zu Jahresbeginn in den Fingern und man kann es kaum erwarten, endlich richtig loslegen zu können. Bei der Pflanzung gibt es aber einige Dinge, die ihr beachten solltet.

DER ZEITPUNKT

Wann welcher Setzling ins Freie darf oder welcher Samen sogar schon direkt im Freien ausgesät wird, ist von Pflanze zu Pflanze unterschiedlich. Der Zeitpunkt hängt von Lichtverhältnissen, Temperatur und Entwicklungsdauer ab.

Die Aussaat auf der Fensterbank ist ideal für Samen, die wärmebedürftig sind und denen es draußen im Frühjahr noch zu kalt ist. Dazu zählen insbesondere Chili und Paprika, die auf der Fensterbank als erstes Platz nehmen dürfen. Zu früh sollte man jedoch nicht aussäen: Je früher die Pflanzen ausgesät werden, desto länger müssen sie in der Wohnung verweilen, bis sie zur richtigen Zeit nach dem letzten Frost hinausgesetzt werden dürfen.

– **Mitte Mai** kommen die Eisheiligen. Rund 3 Tage lang gibt es hier häufig einen Temperatursturz nach unten mit teils frostigen Nächten. Danach geht es endlich für die ersten Pflänzchen nach draußen.

– **Ausnahmen erst ab Juni:** Paprika, Chili, Aubergine und Gurke sind sehr wärmebedürftige Pflanzen und sollten deshalb sicherheitshalber erst ab Juni ins Freie gesetzt werden. Dann ist die Erde vom Tag schon etwas aufgewärmt und die Nächte bleiben ebenfalls lau. Auf kühlere Temperaturen reagieren wärmeliebende Pflanzen gerne beleidigt und können im schlimmsten Fall sogar absterben.

PFLANZENABSTÄNDE

Auf den Saatgutpäckchen oder den gekauften Jungpflanzen wird meist ein Mindestabstand bis zur nächsten Pflanze genannt. Aus Erfahrung kann ich sagen, dass sich mit guter Planung im Hochbeet oft mehr Pflanzen nebeneinander platzieren lassen, als angeführt wird. Wenn hohe und niedri-

ge Pflanzen intelligent miteinander kombiniert werden, kann bei den Abständen ein wenig getrickst werden. Ausreichende Pflanzenabstände sind aber wichtig, damit die Pflanzen genug Licht (u. a. zum Ausreifen der Früchte) bekommen und Luft zwischen den Pflanzen zirkulieren kann (zur Vermeidung von Krankheiten).

WUCHSTIEFE

Die Wuchstiefe ist bei Pflanzen auf dem Balkon ein wichtiger Punkt. In hängenden Blumenkästen, vertikalen Beeten oder kleinen Kisten ist die Auswahl an empfohlenen Obst- und Gemüsesorten begrenzt. Je tiefer ein Gefäß, desto tiefer können die Pflanzen wurzeln und stehen fester und stabiler. Zum Beispiel wurzeln Tomaten gerne tief und fühlen sich in einem größeren Hochbeet-Kasten viel wohler.

Bei der Bepflanzung der Beete mit Flachwurzlern musst du auf die oberste Erdschicht aufpassen. Wie der Name schon sagt, wachsen bei diesen Pflanzen die Wurzeln flach. Die Erdoberschicht sollte hier nicht geharkt und aufgelockert werden, um Wurzelbeschädigungen zu vermeiden. Eine Mulchschicht tut Flachwurzlern besonders gut, weil dadurch die Oberfläche nicht so schnell austrocknet und nach Regen nicht aufgelockert werden muss.

Wenn Setzlinge noch so klein sind, unterschätzt man schnell, wie groß diese werden können und dementsprechend mehr Platz brauchen.

1

2

1. Tomatenpflanzen solltest du beim Umtopfen immer tiefer in die Erde setzen.

2. Dazu die unteren Triebe entfernen und tiefer ins Erdloch setzen. Am unteren Stamm bilden sich zusätzliche Wurzeln und geben Halt.

Flachwurzler (bis 20 cm Wurzeltiefe): Radieschen, Zwiebel, Lauch, Kopfsalat, Endivie, Spinat, Sellerie
Mittelwurzler (bis 40 cm Wurzeltiefe): Paprika, Möhre/Karotte, Bohne, Erbse, Gurke
Tiefwurzler (bis 60 cm Wurzeltiefe): Tomate, Kürbis, Rote Bete, Pastinake, Artischocke, Spargel

TRICKS, DAMIT DIE PFLANZEN GUT ANWACHSEN

Beim Aussetzen der Pflanzen ins Hochbeet gibt es ein paar Tipps und Tricks, sodass sich diese schnell an ihren neuen Standort gewöhnen und gut anwachsen.
– Nicht in die pralle Sonne setzen. Arbeite wenn möglich zu einer Tageszeit, bei der das Beet im Schatten steht. Umtopfen alleine ist schon Stress genug für die Pflanze und pure Sonne wäre eine zusätzliche Belastung. Die Pflanze muss sich erst in ihrer neuen Umgebung akklimatisieren.
– Du solltest die Erde nach dem Umsetzen unbedingt reichlich angießen. Nasse Erde legt sich um die Wurzeln und hilft der Pflanze beim Anwachsen.
– Manche Pflanzenarten können tiefer in die Erde gesetzt werden. Dazu entfernst du die unteren Blätter vom Stiel und setzt den Wurzelballen mit dem Stiel ein paar Zentimeter tiefer in die Erde. Aus dem tiefer eingesetzten Stiel sprießen neue Wurzeln und geben der Pflanze zusätzlichen Halt. (z. B. Tomate). Zuletzt entscheidest du noch, ob Rankhilfe oder Stützstab benötigt werden.

MUSTERBEETE ZUM NACHPFLANZEN

Auf den folgenden Seiten findest du Bepflanzungsvorschläge, die du in deinem Balkon-Hochbeet einfach nachpflanzen kannst. Hochbeetgröße: 80 × 40 × 40 cm

Mischkultur

Bei der Mischkultur werden Pflanzenarten zusammengesetzt, die sich gegenseitig ergänzen. Mit dieser Methode wird nicht nur Wachstum und Ertrag gefördert, sondern die Pflanzen können sich auch gegenseitig Schädlinge und Krankheiten vom Hals halten. Mit einer Mischkultur von großen und kleinen Pflanzen kann der Platz im Hochbeet optimal ausgenutzt werden.

FÜR GUTE PARTNER IM HOCHBEET

Vorteile

– Duftstoffe: Pflanzen geben Duftstoffe ab und halten sich im besten Fall so gegenseitig die Schädlinge vom Hals.
– Schatten: Großblättrige Pflanzen und solche mit dichtem und hohem Wuchs sorgen für mehr Beschattung der darunter oder dahinter wachsenden.
– Nährstoffe: Leguminosen/Hülsenfrüchte wie Bohnen und Erbsen reichern den Boden mit Stickstoff an.
– Rankhilfe: Hochwachsende Pflanzen mit einem stabilen und festen Stiel wie Mais und Sonnenblumen dienen als natürliche Rankhilfe.
– Mulchersatz: Niedrige Bodendecker wirken gegen die Austrocknung der Erdoberfläche.
– Vielfalt: Wachsen Pflanzen aus unterschiedlichen Familien zusammen im Hochbeet, hast du weniger Probleme mit Krankheiten und Schädlingen.

Grundregeln

– Gleicher Wasserbedarf: Es macht keinen Sinn, einen durstigen Schnittlauch mit einem Rosmarin zusammenzusetzen, der es lieber trockener hat. Einer der beiden wird immer leiden.
– Nährstoffbedarf aufeinander abstimmen: Du solltest nicht zu viele Starkzehrer in einem Beet gleichzeitig anpflanzen. Das Wachstum der Pflanzen kann dadurch eingeschränkt werden. Lieber eine gute Mischung von Stark-, Mittel- und Schwachzehrern.
– Setze nie zu viele Pflanzenarten aus der gleichen Familie zusammen, da sie oft von ähnlichen Krankheiten und Schädlingen befallen werden. Wechsle im nächsten Jahr auch die Beete, da Erreger und Tiere oft im Boden überdauern. Die Pflanzenfamilien sind bei den Porträts ab Seite 68 mit aufgeführt.

Die drei Schwestern: Mais, Bohnen, Zucchini

Die drei Schwestern ist eine der bekanntesten Mischkulturen: Der Mais dient als Rankhilfe, die Bohnen reichern den Boden mit Stickstoff an und die Zucchini spendet Schatten.

→ Der Mais ❶ sollte ab März auf der Fensterbank vorgezogen werden. Nicht vergessen, das Saatgut für eine bessere Keimung über Nacht in Wasser einzulegen und anschließend mit der Spitze nach oben in die Anzuchterde zu stecken. Ab Mai kommen die Jungpflanzen ins Beet.

→ Die Zucchini ❷ wird ebenso auf der Fensterbank vorgezogen. Ab Mitte April kommen die Samen nach einer Nacht im Wasserbad in die Anzuchterde. Ab Mitte Mai dürfen die Setzlinge ins Freie gesetzt werden.

→ Die Bohnen ❸ werden ab April gleich direkt in die Erde gesteckt. Die Pflanzen sind total unkompliziert im Anbau.

Sonnenschein: Sonnenblume, Mexikanische Minigurke, Dill und Pflücksalate

In diesem Beet lasse ich die Mexikanische Minigurke an mehreren Sonnenblumen hochranken. Sollten die Sonnenblumen nicht groß oder stark genug sein, um die wild wachsenden Gürkchen tragen zu können, kannst du sie mit einem Stab unterstützen. Darunter setze ich Dill und Pflücksalate in den Halbschatten.

→ Nur die Mexikanische Minigurke ❶ muss vorgezogen werden. Sie wird ab Mitte April auf der Fensterbank in Anzuchterde ausgesät. Für eine bessere Keimung kann das Saatgut die Nacht zuvor in lauwarmes Wasser eingelegt werden. Die Setzlinge kommen ab Juni, wenn es deutlich wärmer ist, ins Beet hinaus.

→ Die Sonnenblumen ❷ sind einfach im Anbau. Die Samen werden ab Ende März/April direkt ins Beet gesteckt; den hinteren Beetrand entlang, wo dann auch die Minigurken Platz nehmen werden.

→ Ab April werden auch Pflücksalate ❸ und Dill ❹ direkt in die Erde dazugesät.

Leckere Sonnenanbeter

Wenn dein Balkon hauptsächlich mit Sonne überflutet wird, kann es im Hochsommer schnell sehr heiß werden. Mit dieser enormen Hitze kommt nicht jede Pflanze zurecht. Ein paar Sonnenanbeter, die sogar viel Wärme zum Ausreifen der Früchte brauchen, habe ich dir hier zusammengestellt.

BELLA ITALIA – TOMATE, BASILIKUM, KAPUZINERKRESSE

Tomate und Basilikum passen nicht nur auf dem Teller als Salat oder auf dem Bruschetta-Brot gut zusammen, auch im Beet ergänzen sie sich prima.

→ Die Cocktailtomate ❶ muss ab Mitte März auf der Fensterbank vorgezogen werden. Nach den Eisheiligen, Mitte Mai, darf sie dann ins Beet gesetzt werden.

→ Während die Tomatensetzlinge im April noch in der Wohnung ausharren müssen, kannst du schon ein paar Samen der Kapuzinerkresse ❷ ins Beet stecken. Diese sind kälteresistenter. Die Kapuzinerkresse ist in diesem Beet ein toller Bodendecker. Sollte es zu eng werden, kann sie aus dem Beet heraushängen.

→ Basilikum ❸ mag es, wie die Tomate, ein bisschen wärmer. Auch hier wartest du am besten bis nach den Eisheiligen und kannst dann gleichzeitig mit dem Aussetzen der Tomaten ein paar Basilikumsamen auf der Erdoberfläche verstreuen.

AB INS MÜSLI – JOHANNISBEERE, ERDBEERE, RINGELBLUME

Ein fruchtiges Beet mit Johannisbeeren ❶ und Erdbeeren ❷ sollte auf keinem Balkon fehlen. Im Sommer spaziere ich in der Früh gerne mit meinem Müsli auf den Balkon hinaus und pflücke mir die Beeren direkt in die Schüssel. Das Grün der Erdbeeren beschattet neben den Ringelblumen ❸ die Erdoberfläche, deren farbenfrohe orangene Blüten wichtige Insekten anlocken.

→ Die Johannisbeersträucher sowie die Erdbeerpflänzchen würde ich zunächst kaufen. Kleine und junge Pflanzen sind ausreichend, sie werden schon bald von alleine groß. Die Erdbeeren bekommen zudem Ausläufer, über die du dir immer wieder neue Erdbeerpflanzen ziehen kannst (siehe Seite 36). Die Erdbeere freut sich über jeden Sonnenstrahl, deshalb sollte die Johannisbeere am unteren Stamm regelmäßig ausgelichtet werden. Das Beerenobst überwintert und muss nicht immer neu angepflanzt werden.

→ Die Ringelblumen wachsen dagegen einjährig und werden daher jedes Jahr neu ausgesät. Einfach ab März bis April ein paar ringelförmige Samen in die Erde stecken (wenn du die Samen nach der Blüte ausreifen lässt, passiert das meist schon von allein). Die Ringelblumen brauchen mehr Sonne und werden deshalb an den Beetrand gesetzt.

Tipp

Probiere mal weiße Johannisbeer-Sorten oder gelbe Erdbeeren aus.

VILLA KUNTERBUNT – AUBERGINE, TAGETES, PFLÜCKSALAT

→ Die Aubergine ❶ braucht viel Wärme und hat eine lange Keim- und Wachstumsphase, deshalb wird sie schon ab Februar auf einer warmen Fensterbank vorgezogen. Erst nach den Eisheiligen, oder sogar erst besser ab Juni, werden die Setzlinge der Aubergine ins Freie gepflanzt.

→ Auch die Tagetes ❷ solltest du ab März lieber auf der Fensterbank vorziehen. Gemeinsam mit der Aubergine kommen sie ab Mitte Mai ins Beet hinaus.

→ Der Pflücksalat ❸ ist kälteresistenter und darf schon ab April direkt im Beet ausgesät werden.

Tipp

Im Gartencenter gibt es oft Angebote mit mehreren Salatsetzlingen in einer Trage, die preislich nicht zu toppen sind und sich schnell ins Beet dazusetzen lassen.

Tipp

Kurze Trockenheitsphasen und eine höhere Luftfeuchtigkeit machen Chilis schärfer.

QUE PASA, MÉXICO!? – PAPRIKA ODER CHILI, BOHNEN, OREGANO, THYMIAN

In einem mexikanischen Eintopf dürfen scharfe Chilis, Bohnen und viele kräftige Gewürze nicht fehlen.

→ Die Chili ❶ braucht viel Wärme und hat eine lange Keim- und Wachstumsphase, deshalb wird sie schon ab Februar auf einer warmen Fensterbank vorgezogen. Erst nach den Eisheiligen, oder sogar erst besser ab Juni, werden die Setzlinge der Chili ins Freie gepflanzt.

→ Bohnen ❷ hingegen sind problemlos was Kälte und Anzucht betrifft. Ab März können die dicken Bohnensamen direkt ins Freie ausgesät werden. Für eine schnellere Keimung die Bohnen 24 Stunden in Wasser quellen lassen und anschließend in die Erde stecken. An sehr kalten Tagen die Erde mit einem Vlies abdecken.

→ Oregano ❸ und Thymian ❹ nach Bedarf an den Beetrand setzen.

Viel los im Halbschatten

Ein Balkon im Halbschatten ist einfacher zu bepflanzen. Mit einem guten Mix aus ein paar Sonnenstunden und Schatten mit viel Licht, kommt der Großteil der Pflanzen gut zurecht. Auch die Erde trocknet nicht ganz so schnell aus.

WURZEL-KONGLOMERAT – PORREE, MÖHRE, DILL

→ Der Porree/Lauch ❶ kann ab Februar auf der Fensterbank vorgezogen werden und kommt ab März/April hinaus ins Beet. Dabei solltest du die Pflänzchen etwas anhäufeln.

→ Die Möhre ❷ ist bis zu –4 °C kälteresistent und kann schon ab März direkt ins Beet ausgesät werden. Möhren wie die Sorte 'Pariser Markt' kannst du nach der Ernte bis zum Juni immer wieder nachsäen.

→ Ein wenig später, im April, werden die Samen vom Dill ❸ dazugesät.

Tipp

Porree, Möhre und Dill lassen sich klein geschnitten auf Vorrat einfrieren. Auch das Möhrengrün kann gegessen werden und schmeckt als Pesto wunderbar.

GURKENSALAT – GURKE, DILL, KAPUZINERKRESSE

Mit diesem Beet kannst du einen frischen Gurkensalat zaubern – mit Dill verfeinert und ein paar Blüten der Kapuzinerkresse für einen würzigen Geschmack.

→ Die Gurke ❶ wird ab Mitte April auf der Fensterbank ausgesät und darf ab Juni, wenn die Nächte wärmer bleiben, ins Freie gesetzt werden. Lass die Gurke über ein Rankgitter am Rand des Beetes hinaufklettern, so haben unten die anderen Pflanzen genug Platz.

→ Die Kapuzinerkresse ❷ sowie der Dill ❸ werden ebenfalls im April ausgesät. Diese Samen dürfen jedoch gleich direkt in der Erde im Freien ausgesät werden.

Je mehr Sonne, desto mehr Blüten bildet die Gurke aus.

Tipp

Wenn an der heranwachsenden Zucchini noch eine Blüte an der Spitze hängt, kann sich Regen- und Gießwasser darin sammeln. Dies kann dazu führen, dass die Zucchini-Frucht an der Spitze anfängt zu faulen. Daher den Blütenrest in diesem Stadium besser entfernen.

SOMMERFRISCHE – ZUCCHINI, MANGOLD, ERDBEEREN

→ Die Erdbeerpflanzen ❶ kommen gut über den Winter und müssen nicht immer neu angepflanzt werden. In diesem Beet dienen sie als Bodendecker und können auch gerne, für mehr Platz, über den Beetrand heraushängen.

→ Ab April bis Mai werden zu den Erdbeeren die Mangoldsamen ❷ ausgesät. Um den Keimprozess zu beschleunigen, lege diese Samen zuvor über Nacht in Wasser ein.

→ Ebenso ab Mitte April wird die Zucchini ❸ auf der Fensterbank vorgezogen. Auch hier die Samen über Nacht in Wasser quellen lassen und anschließend in Seitenlage in die Anzuchterde stecken. Die Zucchini-Setzlinge kommen von allen dreien, ganz zum Schluss, ab Mitte Mai ins Beet.

Mangold lässt sich in fast allen Gerichten verarbeiten: Kartoffelpfanne, Risotto, Curry, Suppen, Aufläufe, oder wie hier mit Gnocchi.

BROTZEIT – SCHNITTLAUCH, RADIESCHEN, MÖHREN, PFLÜCKSALAT

Ein frisches Schnittlauchbrot, belegt mit feingeschnittenen Radieschen, dazu ein paar knackige Möhren naschen und ein kleiner Pflücksalat mit gutem Öl. So schön kann eine Mittagspause auf dem eigenen Balkon sein.

→ Den Schnittlauch ❶ empfehle ich im Gartencenter zu kaufen. Er ist sehr dicht ausgesät und lässt sich daher prima in mehrere Teile zerschneiden. So kannst du aus einem Schnittlauch gleich mehrere Pflanzen für den Balkon bekommen. Ist der Schnittlauch im Beet angekommen, zeigt er sich problemlos in der Pflege. Er kommt über den Winter und sprießt im Frühjahr wieder aus der Erde.

→ Ab März werden Radieschen ❷ und Möhren ❸ gleich direkt im Freien ausgesät. Möhren können bis zum Juni immer wieder nachgesät werden. Radieschen sogar bis September – achte hier darauf, dass du die speziellen Herbstsorten verwendest, das trifft auf viele weitere Gemüsearten wie Möhren und Lauch zu.

→ Der Pflücksalat ❹ kommt ab April dazu und wird auch direkt im Beet ausgesät. Bei Salaten gibt es im Gartencenter ebenso oft tolle Angebote mit mehreren Setzlingen, die sich schnell im Beet dazupflanzen lassen.

Tipp

Versuche die Erde immer gleichmäßig feucht zu halten. Plötzliche Wasserschübe nach Trockenheitsphasen lässt die Knollen von Radieschen und Möhren aufspringen. Auch der Salat braucht einen feuchten Boden, da er sonst zu blühen anfängt.

Gut im Schatten

Besitzer mit schattigen Balkonen müssen keinesfalls auf das Gärtnern verzichten. Salate und einige Kräuter fühlen sich im Schatten wohler und entwickeln ein größeres Blattwerk als in der prallen Sonne.

EAT YOUR GREENS – RUCOLA, ERBSEN, SPINAT

→ Rucola ❶ ist ein toller Salat mit leicht scharfem Geschmack. Dieser kann ab März die ganze Saison über ausgesät werden. Die Samen werden nur oberflächlich auf die Erdoberfläche gestreut.
→ Auch der Spinat ❷ wird ab März gleich direkt ins Beet gesät. Die Samen vor der Aussaat für 24 Stunden in Wasser quellen lassen.
→ Gleich danach im April folgen die Erbsen ❸. Diese werden ebenso vorher im Wasser für 24 Stunden eingelegt. Bei mir wachsen die Erbsen prima im Schatten, weil es bei mir die Sonne oft richtig auf den Balkon „brennt".

Wenn du einen Teil der Rucola-Blätter nicht erntest und weiter sprießen lässt, bildet er Blüten mit Samen und sät sich erneut selber aus.

Tipp

Erbsenpflanzen ziehen mit ihren Knöllchenbakterien Stickstoff aus der Luft. Sie versorgen sich dadurch selbst mit diesem Nährstoff.

KRÄUTERMIX – DILL, SCHNITTLAUCH, PETERSILIE, LIEBSTÖCKEL

Es ist absolut keine Schande, wenn du dir die Kräuter aus dem Gartencenter holst.

→ Schnittlauch ❶ aus dem Gartencenter lässt sich oftmals noch teilen, sodass es gleich mehrere Pflanzen für dein Beet gibt. Schnittlauch sowie auch Liebstöckel ❷ kommen problemlos über den Winter. Sie treiben im Frühjahr wieder aus und müssen nicht immer neu gekauft werden.

→ Dill ❸ und Petersilie ❹ werden einjährig kultiviert. Du kannst sie natürlich gerne jedes Jahr neu aussäen. Aus Erfahrung kann ich sagen, dass ich hier doch lieber auf gekaufte Kräuter zurückgreife, da die eigene Anzucht sehr langwierig ist.

Kräuter gemixt mit Kichererbsen ergeben einen einzigartigen frischen Hummus-Brotaufstrich.

Insekten-Gaststätten

Um Nützlinge wie Bienen und Marienkäfer anzulocken, muss es gut duften. Ein paar Blümchen dürfen auf keinem Balkon fehlen. Sehr beliebt sind auch Kräuter, deren Blüten oft wunderschön sind und nicht geerntet werden.

VIVA CROATIA!
– LAVENDEL, SALBEI, ROSMARIN

Mein Urlaub in Kroatien hat so einen schönen Eindruck hinterlassen, dass ich mir ein Stück dieser Vegetation nach Hause geholt habe. Auf dem Grundstück, wo wir gewohnt haben stand Lavendel soweit das Auge reichte. Nach dem Regen hatten wir den Duft von Rosmarin in der Nase und abends gab es Gnocchi mit Salbei.

→ Lavendel ❶, Salbei ❷ und Rosmarin ❸ empfehle ich als kleine Sträucher im Gartencenter zu kaufen. Diese drei Pflanzen sind winterhart und müssen nur einmal angeschafft und eingepflanzt werden. Lässt man den Rosmarin austreiben, bildet er viele kleine Blüten. Ebenso zieht der Lavendel Bienen, Hummeln, Schmetterlinge und viele weitere nützliche Insekten an. Im Herbst oder im Frühjahr empfehle ich trotzdem einen Rückschnitt, damit alles wieder frisch und buschig austreiben kann.

Tipp

Regelmäßig für den Vorrat abernten, dann bilden sich immer wieder neue Blüten.

MEDIZINSCHRANK – THYMIAN, RINGELBLUME, KAMILLE, KAPUZINERKRESSE

In diesem Beet findest du Pflanzen und Blumen, die nicht nur jede Menge Insekten anziehen, sondern auch für den Menschen einen großen Mehrwert haben. Angesetzter Thymian-Honig-Sirup für Husten und Halsweh. Getrocknete Kamille als wohltuender Tee für Magen-Darm. Die Ringelblume ❶ als selbst gemischte Salbe für Wundheilung und Gelenkschmerzen. Und zu guter Letzt die Kapuzinerkresse ❷, die mit ihren wichtigen Bitterstoffen für unseren Körper nicht zu unterschätzen ist.

→ Den Thymian ❸ empfehle ich im Gartencenter zu kaufen. Einmal gekauft, lässt er sich durch Stecklinge beliebig oft vermehren. Zudem ist er auch mehrjährig und muss nicht jedes Jahr neu gepflanzt werden. Lässt man ihn austreiben und blühen, ist er ein absoluter Insektenmagnet.

→ Ab März werden die Samen von Kamille ❹ und Ringelblume im Beet ausgestreut. Kamille ist ein Lichtkeimer und braucht keine zusätzliche Erdschicht über den Samen.

→ Ab April gesellen sich die Samen der Kapuzinerkresse ins Beet dazu. Ist dein Beet schon recht voll, dann lege die Samen eher am Rand aus, so kann die Blütenpracht später aus dem Beet herauswachsen.

CUCAMELON – SCHNITTLAUCH, MEXIKANISCHE MINIGURKE, ERDBEEREN

Die Mexikanische Minigurke hat es in sich: Die Früchte sehen von der Musterung außen aus wie Wassermelonen, sind jedoch nur so groß wie Brombeeren und schmecken nach Gurke. Ein ideales Snackgemüse, das gleich direkt vom Strauch genascht werden kann. Es entwickelt enorm viele Blüten und zieht Insekten magisch an. Auch der Schnittlauch ist, wenn man ihn auswachsen lässt, mit seinen lila Blüten einzigartig.

→ Erdbeerpflänzchen ❶ empfehle ich ebenso wie den Schnittlauch ❷ zunächst zu kaufen. Beide kann man dann leicht weiter vermehren und hat so schnell etliche Pflanzen für die Beete. Lasst doch mal einen Teil des Schnittlauches austreiben und Blühen. Die Insekten freuts!

→ Die Mexikanische Minigurke ❸ lässt sich wie die normale Gurke vorziehen. Sie wird ab Mitte April auf der Fensterbank in Anzuchterde ausgesät. Für eine bessere Keimung kann das Saatgut die Nacht zuvor in lauwarmes Wasser eingelegt werden. Die Setzlinge kommen ab Juni, wenn es deutlich wärmer ist, ins Beet. Ich platziere sie immer gerne mit einer Rankhilfe an der Rückwand der Beete. So ist im vorderen Teil des Beetes genug Platz für Schnittlauch und Erdbeeren.

Mexikanische Minigurke

AB DURCH DIE HECKE – PHYSALIS, BASILIKUM, SONNENBLUME

Vor der Physalis muss ich euch warnen: Sie wächst und wächst und wächst. Wer schnell einen Sichtschutz braucht, ist mit der Physalis gut beraten. Einmal im Beet, müsst ihr sie wirklich im Zaum halten, bevor sie ihre Triebe in alle Richtungen ausstreckt.

→ Ab März wird die Physalis ❶ auf der Fensterbank vorgezogen. Ab April darf sie ins Freie gesetzt werden. Eine Pflanze reicht vollkommen aus.

→ Zur gleichen Zeit im April können die Sonnenblumensamen ❷ in die Erde dazugesteckt werden.

→ Das Basilikum ❸ könnt ihr ab Mai gleich direkt im Freien ansäen. Die Samen oberflächlich auf die Erde streuen und feucht halten.

Physalis kannst du mit einem Rundgitter gut in Form halten.

Total unkompliziert

Diese Beete sind perfekt, um mit möglichst wenig Aufwand eine schnelle Ernte zu haben. Direktsaaten im Beet ohne langwierige Voranzucht, Radieschen und Salate mit schnellem Wachstum sowie Pflanzen, die nur wenig Pflege benötigen.

BITTERSWEET SYMPHONY – RADIESCHEN, RUCOLA, KAPUZINERKRESSE

Aus vielen industriellen Lebensmitteln werden die natürlichen Bitterstoffe herausgefiltert, da sich ein Produkt, wenn es nicht so bitter schmeckt, besser verkaufen lässt. Bitterstoffe sind aber wichtig für unseren Körper. Deshalb hier ein Beet mit frischen Radieschen, leicht scharfem Rucola und würziger Kapuzinerkresse. Allesamt einfach anzubauen und die ganze Saison lang zum Ernten bereit. Also dann, auf die Bitterstoffe, fertig, los!

→ Die Radieschen ❶ können ab März ausgesät und bis September immer wieder nachgesät werden. Samen direkt im Beet in die Erde stecken und feucht halten. Der Keimprozess setzt ab 10 °C Außentemperatur ein und Radieschen sind somit super unkompliziert.

→ Zeitgleich wird der Rucola ❷ ins Beet ausgesät. Oberflächlich über die Erde streuen und nicht mit Erde bedecken, da er ein Lichtkeimer ist. Nach der Ernte kann Rucola bis in den Herbst hinein nachgesät werden.

→ Ab April dürfen dann auch die Samen der Kapuzinerkresse ❸ in das Beet gestreut werden.

SALAT-BUFFET – ASIA-SALAT, PFLÜCKSALAT, RUCOLA

Ein Sammelsurium an Salaten für einen leckeren, gemischten Blattsalat. Alle Salate können während der Saison jederzeit nachgesät werden, sodass das Buffet niemals leer steht. Solange das Beet immer gleichmäßig feucht gehalten wird, fängt der Salat in der Hitze nicht so schnell zu blühen an.

→ Asia-Salate ❶ können das ganze Jahr über im Freien ausgesät werden. Sie vertragen Minustemperaturen bis zu –10 °C.

→ Rucola ❷ ist ebenfalls von der härteren Sorte, verträgt kältere Temperaturen und kann ab März bis in den September gesät werden. Samen nur auf die Erdoberfläche streuen und feucht halten, denn Rucola ist ein Lichtkeimer.

→ Der Pflücksalat ❸ kommt ab April ins Beet dazu. Dieser kann ebenfalls bis August immer wieder nachgesät werden.

Viele Salat-Sorten, wie Rucola, trotzen den Minustemperaturen im Herbst/Winter.

Tipp

Bohnen-Sorten mit lila oder weißen Hülsen sind einfacher zu ernten, da man die farblichen schneller zwischen dem Grün findet als die grünen Früchte.

TEXAS RANGER – KARTOFFEL UND BOHNE

→ Ab März lässt man eine oder zwei Kartoffeln ❶ an einem warmen und hellen Fensterbrett äugeln. Das heißt, die Kartoffelknolle bildet von selbst an verschiedenen Stellen kleine Triebe. Diese Triebe kannst du mit einem kleinen Stück Kartoffel ausschneiden und ab Mitte April im Freien mit den Trieben nach oben in die Erde eingraben. Die nächsten Wochen mit Erde anhäufeln, sodass die Knollen kein Licht abbekommen, was zu grünen, giftigen Stellen führt (siehe Kartoffel-Porträt Seite 74).

→ Die Bohne ❷ ist absolut unkompliziert im Anbau. Ab März das Saatgut für 24 Stunden in Wasser vorquellen lassen und anschließend im Beet in die Erde stecken. In diesem Beet setze ich sie den linken und rechten Rand entlang und lasse sie mit einem Rankgitter wie ein Zelt über den Kartoffeln wachsen.

Ein Beet muss nicht immer eine Explosion an verschiedenen Zusammenstellungen sein. Oftmals reichen die zwei richtigen Pflanzen aus, die sich gegenseitig guttun und eine tolle Ernte abgeben.

Trocken und dunkel in einer Küchenlade gelagert, hält der Knoblauch am längsten. Auch das Grünzeug kann getrocknet und zu Knoblauchpulver verarbeitet werden.

GEGENSÄTZE ZIEHEN SICH AN – ERDBEEREN UND KNOBLAUCH

Erdbeeren sind sehr pflegeleicht. Sie sind mehrjährig und treiben jedes Frühjahr neu aus. Erdbeerpflanzen sind aber oft anfällig für Pilzkrankheiten, daher schützt der Knoblauch sie in diesem Beet vor Bakterien und Pilzen. Im Herbst kannst du einfach noch ein paar Knoblauchzehen in das Erdbeerbeet dazustecken und nach dem Winter den feinen Knoblauch ❶ im Frühjahr ernten. Zwischen den Erdbeerpflänzchen ❷ findet sich bestimmt immer ein kleiner Platz.

→ Die Knoblauchzehen kannst du schon ab Februar für eine Ernte im Herbst setzen. Im September kannst du Knoblauch als Wintergemüse setzen und im Frühjahr ernten.

Ernten im Winter

Es wäre eine Verschwendung, die im Herbst abgeernteten Beete über den Winter leer stehen zu lassen. Am Ende der Saison einfach ein paar Samen in die Erde stecken und an frostfreien Tagen Salate und Baby-Leaves ernten.

Selbst-Auftau-Effekt von Grünzeug

Wenn es untertags zu Minustemperaturen kommt und Salatblätter einfrieren, solltest du diese auf keinen Fall ernten! Sie werden beim Auftauen total matschig und ungenießbar. Wenn du wartest, bis es wieder ein paar Plusgrade gibt, bleibt das Grünzeug knackig und kann verzehrt werden.

WINTEREINTOPF – MÖHRE, MANGOLD, PORREE/WINTERLAUCH

→ Für dieses Winterbeet werden die Samen der Möhre ❶ Anfang bis Mitte August direkt ins Beet ausgesät. Geerntet wird ab November bis März.

→ Der Mangold ❷ wird für dieses Beet ab Mai auf der Fensterbank vorgezogen, denn meine Hochbeete sind zu dieser Zeit alle noch mit anderen Pflanzen belegt. Spätestens bis Juli sollte er aber ins Beet gepflanzt werden. Die Ernte ist über den Winter bis in den März möglich.

→ Vorgezogen wird der Porree ❸ ab Mai und bis spätestens August ins Beet gesetzt. Über den Winter bleibt er im Beet und wird bei Bedarf geerntet.

GREEN SUPERFOOD – ERBSENTRIEBE, RADIESCHEN, SPINAT

→ Von der Erbsenpflanze ❶ sind nicht nur die Schoten mit den Erbsen essbar, auch die jungen Triebe und das Pflanzengrün schmecken herrlich fein nach Erbse. Für eine Winterernte bis Dezember wird die Erbse ab September bis Ende Oktober ins Beet gesät.

→ Radieschen ❷ sind meine Winterwunder. Die Herbstsorten lassen sich mehrmals im Winter aussäen und ernten. Lediglich das Wachstum verlangsamt sich, je kälter es ist. Die Aussaat erfolgt von September bis Oktober mit Ernte November bis Dezember. Oder Aussaat im Januar mit Ernte bis zum März.

→ Der Spinat ❸ wird ab August ins Beet ausgesät und kann von November bis März frisch nach Bedarf geerntet werden.

Keine Sorge, wenn vor dem Winter das Saatgut nicht aufgehen will oder das Wachstum stoppt. Spätestens im Frühjahr entschließen sich dann doch noch ein paar Samen Gas zu geben!.

DIE GRÜNEN ZWERGE – ZWIEBEL, MANGOLD, BABYLEAF

Mit diesem Beet kommt nicht nur Zwiebelgrün auf den Tisch, sondern auch von der Bete werden nur die leckeren, jungen Blätter verzehrt.

→ Die Zwiebel ❶ ist auch als Wintergemüse über die kalte Jahreszeit im Beet gut zu kultivieren. Die Aussaat ist im September, und die erste Ernte der zarten Zwiebelchen erfolgt bereits ab Frühling, bevor die Saison für das Sommergemüse startet. Vereinzelt kann das Grün der Zwiebel während der Wintermonate abgezupft werden, um z. B. eine Suppe, einen Salat oder Eintopf zu würzen.

→ Der Mangold ❷ wird ab Mai auf der Fensterbank vorgezogen, spätestens bis Juli sollten die Jungpflanzen dann ins Beet. Die Ernte ist über den Winter bis in den März möglich.

→ Bei der Bete ❸ gibt es im Winter zwei verschiedene Erntemethoden. Wer die Knolle der Bete ernten will, muss sie dazu im Juni direkt ins Beet aussäen. Wer bis Mitte Oktober noch einmal aussät, erntet das Betegrün, sogenannte Babyleaves. Diese kleinen Blätter sind sehr vitaminreich und kommen oft auch in Salatmischungen vor, wie man sie aus dem Supermarkt kennt.

Tipp

Mit den jungen Blättern von Mangold, Spinat, Rote Bete, Pflück- und Asia-Salat kannst du dir je nach Jahreszeit deine eigene leckere Baby-Leaf-Mischung zusammenstellen.

POPEYE – SPINAT, KNOBLAUCH, ASIA-SALATE

→ Der Spinat ❶ wird ab August ins Beet ausgesät und kann von November bis März frisch nach Bedarf geerntet werden.

→ Der Knoblauch ❷ wird am besten im Oktober gesteckt. Dazu die Zehen direkt in die Erde mit der Spitze nach oben stecken. Auch das Grün der Knoblauchpflanze schmeckt nach Knoblauch und kann vereinzelt geerntet werden. Geerntet wird im Frühjahr, sobald das Grün welk wird.

→ Asia-Salate ❸ sind wie Radieschen meine Winterwunder. Sie lassen sich ebenfalls mehrmals im Winter aussäen und ernten. Lediglich das Wachstum verlangsamt sich ein wenig, je kälter es ist. Aussaat Ende August mit Ernte November bis Januar. Oder Aussaat Ende September mit Ernte von Februar bis März.

Tipp

Ist der Knoblauch noch nicht so weit und das Beet muss trotzdem für die nächsten Setzlinge freigemacht werden, kann dieser auch früher geerntet werden. Die Knolle ist dann etwas kleiner und die Blätter noch grün. Die grünen Blätter kann man trocknen und daraus ein aromatisches Knoblauchpulver herstellen.

PFLANZEN FÜRS HOCHBEET

MIT SYMBOLEN FÜR DEN STANDORT

- Sonniger Standort
- Halbschattiger Standort
- Schattiger Standort

TOMATE

— *Nachtschattengewächse*

INFO Starkzehrer mit hohem Nährstoffbedarf. Sie mag es sonnig und warm, mit gut durchlüfteter Erde und reichlich Wasser.

UNTERSCHIEDLICHER WUCHS – UNTERSCHIEDLICHE PFLEGE Die Stabtomate wächst hoch und muss gestützt werden, sie wird an den Blattachseln ausgegeizt. Die Buschtomate wächst buschig, braucht keine Stütze und muss nicht ausgegeizt werden.

ANZUCHT Vorziehen ab Mitte März auf der Fensterbank. Keimung erfolgt nach 10 bis 15 Tagen. Setzlinge nach 2 Wochen pikieren und regelmäßig abhärten.

AUSPFLANZEN Ab Mitte Mai (nach den Eisheiligen), wenn kein Frost mehr droht, die Setzlinge ins Freie pflanzen. Die untersten Seitentriebe abzwicken und den Pflanzensetzling tiefer in die Erde setzen, so bilden sich am Stamm neue Wurzeln für einen stabileren Halt.

PFLEGETIPPS Beim Gießen kein Wasser auf die Blätter spritzen (Braunfäulegefahr). Alle 2 Wochen düngen, vor allem bei Fruchtansatz. Untere Triebe für mehr Luftzirkulation und gegen Pilzbildung/Ausbreitung abzwicken. Triebe aus Blattachsel zwicken (ausgeizen). Erde an der Oberfläche regelmäßig ein wenig auflockern. Im Spätsommer die oberen Blütenstände abzwicken.

TYPISCHE KRANKHEITSBILDER Blätter rollen sich ein, bei Nährstoffüberschuss oder zu kaltem Gießwasser. Braunfäule, wenn beim Gießen oder nach langen Regentagen Wasser auf das Blattwerk kommt (Pilz lebt im Substrat), daher ist guter Regenschutz/Überdachung wichtig. Laub färbt sich rot, wenn zu niedrige Temperaturen herrschen. Blüten fallen bei zu viel Dünger ab. Tomatenfrucht platzt auf, wenn nach einer Trockenheitsperiode plötzlich zu viel Wasser gegeben wird. Braune Früchte durch Hitzestress (Blattdünger hilft).

ERNTE Juni bis Oktober. Nicht ausgereifte, grüne Tomaten an einem warmen Platz nachreifen lassen.

GURKE

— *Kürbisgewächse*

INFO Starkzehrer mit hohem Nährstoffbedarf, mag es sonnig und windgeschützt. Der Flachwurzler liebt lockeres Substrat mit einer Mulchschicht. Großzügig gießen und hin und wieder die Blätter mit abspritzen.

ANZUCHT Vorziehen ab Mitte April auf der Fensterbank, dazu die Samen 3 cm tief in Seitenlage einsetzen. Ein Samen pro Anzuchtbehälter, weil sie das Pikieren nicht gut vertragen. Abhärten nicht vergessen.

AUSPFLANZEN Ab Juni mit einem Rankgitter ins Freie.

PFLEGETIPPS Nach den ersten drei bis fünf Blättern die Triebspitze abschneiden, damit die Pflanzen buschiger wachsen. Die unteren Triebe oder Triebe, die auf der Erde liegen mit Erde bedecken, so bilden sich neue Wurzeln. Alle 2 Wochen düngen, vor allem bei Fruchtansatz.

ERNTE Von Juni bis September regelmäßig ernten.

ZUCCHINI

— *Kürbisgewächse*

INFO Starkzehrer mit hohem Nährstoffbedarf, mag Sonne bis Halbschatten. Die Erde kann leicht sauer sein. Hat einen mittleren Wasserbedarf, während der Fruchtbildung und Ernte mehr Wasser geben.

ANZUCHT Vorziehen ab Mitte April auf der Fensterbank, 3 cm tief in Seitenlage einsetzen. Pikieren und Abhärten nicht vergessen.

AUSPFLANZEN Ab Mitte Mai ins Freie setzen.

PFLEGETIPPS Alle 2 Wochen düngen, vor allem bei Fruchtansatz (zu viel Dünger unterdrückt aber die Blütenbildung!). Mulchschicht aus Stroh hält Früchte am Boden sauber. Kranke Blätter (z. B. Mehltau) entfernen.

ERNTE Juli bis Oktober. Regelmäßige Ernte regt neue Fruchtbildung an. Je kleiner die Frucht geerntet wird, desto zarter und feiner ist sie im Geschmack und kann auch roh im Salat gegessen werden.

PAPRIKA UND CHILI

— *Nachtschattengewächse*

INFO Paprika und Chili sind beides Starkzehrer mit hohem Nährstoffbedarf. Sie mögen es sonnig und sind sehr wärmebedürftig. Am Anfang wollen sie nur wenig Wasser, bei Fruchtansatz brauchen sie mehr.

ANZUCHT Vorziehen ab der 2. Februarwoche auf der Fensterbank. Das Saatgut nur 0,5 cm tief in die Erde stecken, nach 3 Wochen können die Setzlinge pikiert und abgehärtet werden.

AUSPFLANZEN Erst ab Juni, wenn wirklich kein Frost mehr droht. Die Setzlinge nicht tiefer in die Erde setzen.

PFLEGETIPPS Stab zur Stütze. Nicht über die Blätter gießen. Alle 2 Wochen düngen. Königsknospe (1. Blüte) abzwicken, für einen buschigeren Wuchs und mehr Fruchtansatz. Mit Rindenmulch mulchen.

ERNTE Von August bis Ende Oktober. Frucht mit Stiel ernten. Die Ernte regt die Bildung neuer Fruchtansätze an.

AUBERGINE

— *Nachtschattengewächse*

INFO Starkzehrer mit hohem Nährstoffbedarf, liebt den Sonnenschein und ist sehr wärmebedürftig. Am Anfang eher mäßig gießen, bei Fruchtbildung mehr.

ANZUCHT Vorziehen ab Februar auf der Fensterbank, dazu die Samen ca. 1 cm tief in die Anzuchterde stecken. Ein Samen pro Anzuchtbehälter. Abhärten nicht vergessen.

AUSPFLANZEN Ab Mitte Mai, wenn die Jungpflanzen mindestens fünf bis sechs Blätter haben.

PFLEGETIPPS Alle 2 Wochen düngen. Bei unter 8 °C mit Vliesabdeckung schützen. Nicht über die Blätter gießen. Mulchen oder nach Regen den Boden wieder auflockern. Nur ein bis zwei starke Zweige lassen, den Rest ausgeizen. Gelbe und trockene Blätter mit der Zeit entfernen.

ERNTE Ab August. Es braucht ein paar lange und sehr warme Sommertage, damit die Frucht ausreifen kann.

ERBSE

— *Hülsenfrüchtler/Leguminosen*

INFO Schwachzehrer mit geringem Nährstoffbedarf. Außerdem gehört sie zu den Leguminosen, welche sich selbst mit Stickstoff versorgen können. Mag Sonne und Halbschatten, jedoch kein zu heißes Plätzchen. Sie hat einen mittleren Wasserbedarf und bevorzugt lockere, feuchte Erde ohne Staunässe.

AUSSAAT Direktsaat im Freien ab April. An einem sonnigen Plätzchen sogar schon ab März. Je früher, desto mehr Ertrag. Dazu das Saatgut 3 cm tief in die Erde stecken. Bei feuchter Erde dauert die Keimung 10 bis 15 Tage.

PFLEGETIPPS Durch Anhäufeln können auf der Erde liegende Triebe zusätzliche Wurzeln bilden. Rankhilfe geben, damit die Pflanze platzsparend in die Höhe wächst.

ERNTE Die erste Ernte ab Ende Mai. Regelmäßiges Ernten regt das Wachstum neuer Hülsen an. Auch die grünen Triebe und jungen Schoten ohne Erbsen sind essbar.

BOHNE / FISOLE

— *Hülsenfrüchtler/Leguminosen*

INFO Schwachzehrer mit geringem Nährstoffbedarf, der Stickstoff sammelt. Mag Sonne und Halbschatten, hat einen mittleren Wasserbedarf und fühlt sich in sandig-lehmiger Erde am wohlsten.

AUSSAAT Absolut unkompliziert im Anbau! Direktsaat im Freien sogar schon ab März möglich, keimt bereits ab einer Bodentemperatur von 8 °C. Dazu die Samen 3 cm tief und flach in die Erde stecken und weiterhin feucht halten. Keimdauer 10 bis 15 Tage.

PFLEGETIPPS Bohnen brauchen eine Rankhilfe, sie sind ideal für Rosenbögen oder als Sichtschutz, da sie schnell wachsen. Ab Blütenbildung wöchentlich düngen.

ERNTE Juli bis Oktober. Die Bohnenschoten mit einer Schere abschneiden. Regelmäßiges Ernten regt das Wachstum neuer Hülsen an.

ZWIEBELGEWÄCHSE

ZWIEBEL

— *Zwiebelgewächse*

INFO Mittlerer Nährstoffbedarf, liebt die Sonne und einen lockeren, sandigen Boden. Der Wasserbedarf ist mäßig bis mittel, sonst wird die Knolle faulig.

AUSSAAT Direktsaat im Freien ab März bis April, oder als Wintergemüse ab September. Alle 10 cm eine kleine Zwiebel in die Erde stecken, so tief, dass man sie gerade nicht mehr sieht und die Spitze leicht mit Erde bedeckt ist.

ERNTE September bis Oktober, wenn das Grün welkt.

LAUCH / PORRE

— *Zwiebelgewächse*

INFO Mittlerer Nährstoffbedarf, liebt die Sonne und mag Halbschatten, muss viel gegossen werden. Er mag lockere und humusreiche Erde, die feucht gehalten wird.

ANZUCHT UND AUSSAAT Lauch kann die ganze Saison über angebaut werden. Sommerlauch: vorziehen ab Februar auf der Fensterbank, Pflanzung ins Freie ab März. Winterlauch: vorziehen ab April bis Mai auf der Fensterbank und spätestens Ende August ins Freie setzen.

ERNTE Von Juli bis in den Februar hinein.

KNOBLAUCH

— *Zwiebelgewächse*

INFO Mittlerer Nährstoffbedarf, mag Sonne und lockeren Boden. Der Wasserbedarf ist mäßig, da die Knolle sonst zu faulen droht.

AUSSAAT Für die Herbsternte: Direktsaat im Freien ab Februar bis März. Für die Frühjahrsernte: Direktsaat im Freien ab September bis Oktober. Alle 10 cm eine Knoblauchzehe 5 cm tief in die Erde stecken.

ERNTE Die Knolle, wenn die Blätter gelb und trocken werden.

SPINAT

— *Fuchsschwanzgewächse*

INFO Mittlerer Nährstoffbedarf. Fühlt sich im Halbschatten am wohlsten, feuchtes und kühles Wetter sind ideal. Braucht viel Wasser, die Erde sollte nie austrocknen.

AUSSAAT Direktsaat im Freien von März bis April und dann wieder von August bis September; 3 cm tief

PFLEGETIPPS Übersteht Frost bis zu -8 °C, für eine bessere Keimung aber mit Vlies abdecken.

ERNTE Erste Blätter schon nach 6 bis 8 Wochen.

MANGOLD

— *Fuchsschwanzgewächse*

INFO Mittlerer Nährstoffbedarf. Mag Sonne und Halbschatten, die Erde immer feucht halten.

AUSSAAT Direktsaat im Freien ab April bis Mai, nach dem letzten Frost; 3 cm tief. Keimdauer ca. 10 Tage.

PFLEGETIPPS Ein- bis zweimal düngen. Übersteht kurzen Frost und Winterbedingungen an geschützten Orten.

ERNTE Von Mai bis November, ab einer Blattgröße von ca. 15 cm. Nur die äußeren Blätter ernten; wächst nach.

KOHLRABI

— *Kreuzblütler*

INFO Mittlerer Nährstoff- und Wasserbedarf, mag Sonne und Halbschatten, gedeiht in lehmigem Boden am besten.

AUSSAAT Direktsaat im Freien ab März bis April oder ab Ende Juli bis August.

PFLEGETIPPS Sehr unkompliziert. Wasser- und Nährstoffmangel führt zum Verholzen der Knolle. Alle 6 Wochen nachdüngen. Mulchen.

ERNTE Im Mai bzw. ab Oktober

MÖHRE / KAROTTE

— *Doldenblütler*

INFO Mittlerer Nährstoffbedarf, bevorzugt Sonne und Halbschatten und verträgt sogar Wind. Nur wenig gießen, wächst am besten in lockerer, sandiger Erde.

AUSSAAT Direktsaat ins Freie ab März bis Juni, hält Frost bis zu -4 °C aus. Um den Keimungsprozess zu beschleunigen, können die Samen über Nacht in lauwarmes Wasser gelegt werden. Samen reihenweise aussäen und leicht mit sandiger Erde bedecken. Ein Abdeckvlies beschleunigt die Keimung. Später die Möhrenreihen für gute Pflanzabstände auslichten.

PFLEGETIPPS Zu viel Wasser und zu nasse Erde lässt die Möhre faulen. Die Möhre springt auf und bekommt Risse, wenn sie nach einer Trockenheitsphase plötzlich zu viel Wasser auf einmal bekommt.

ERNTE Mai bis Oktober vorsichtig aus der Erde ziehen. Das Grünzeug kann als Pesto verwertet werden.

KARTOFFEL

— *Nachtschattengewächse*

INFO Starkzehrer mit hohem Nährstoffbedarf. Sie mag einen sonnigen Platz mit lockerer, sandig-lehmiger Erde. Der Wasserbedarf ist wenig bis mäßig.

ANZUCHT Ab März die Kartoffelknolle an einem warmen Ort äugeln lassen. Die Knolle mit den Trieben kannst du dann in zwei bis drei Stücke schneiden und auspflanzen.

AUSPFLANZEN Das Knollenstück ab Mitte April mit den Trieben nach oben etwa 20 cm tief in die Erde setzen. Ein Teil reicht für ein Gefäß mit 40 cm Durchmesser. Soweit mit Erde bedecken, bis die Triebe nicht mehr zu sehen sind. Sobald die Triebe weiter in die Höhe wachsen, immer wieder mit Erde zuschütten (anhäufeln).

PFLEGE Bei zu feuchter Erde besteht Fäulnisgefahr der Knolle, lieber wenig gießen.

ERNTE Juni bis Oktober

ROTE BETE

— *Fuchsschwanzgewächse*

INFO Die Bete hat einen mittleren Nährstoffbedarf, steht am liebsten in der Sonne oder im Halbschatten. Ihre Erde sollte locker und feucht gehalten werden, trotzdem ist der Wasserbedarf mäßig.

AUSSAAT Direktsaat ins Freie ab April bis Mai. Dabei die Samen maximal 2 cm tief in die Erde stecken.

PFLEGETIPPS Die Erde mulchen, damit es feucht genug für die Knolle bleibt. Die Bete hält kurze Fröste aus.

ERNTE Je nach Aussaatzeitpunkt kann ab Juni bis in den Oktober geerntet werden. Auch die jungen Blätter sind essbar und schmecken als „Babyleaf" in Mischsalaten sehr lecker.

ZUCKERMAIS

— *Süßgräser*

INFO Starkzehrer mit hohem Nährstoffbedarf. Mag einen sonnigen Platz und ist sehr wärmebedürftig. Mäßig gießen und den lockeren, humusreichen Boden feucht halten.

ANZUCHT Vorziehen ab März/April auf der Fensterbank. Saatgut mit der Spitze nach oben stecken, ein Samen pro Anzuchtgefäß. Vorteil: Die Setzlinge sind den anderen Pflanzen voraus und dienen diesen später als Rankhilfe, zudem haben die Maiskolben genug Zeit zum Ausreifen. Ab Mitte Mai auch Direktsaat im Freien möglich.

AUSPFLANZEN Ab Mitte Mai. Für stabileren Halt die Setzlinge etwas tiefer ins Erdreich setzen.

PFLEGETIPPS Für die Bestäubung mehrere Maispflanzen zusammenpflanzen. Düngen nicht vergessen, denn Mais reagiert sehr sensibel auf Nährstoffmangel.

ERNTE Ab August, sobald die Härchen braun werden.

RADIESCHEN

— *Kreuzblütler*

INFO Schwachzehrer mit geringem Nährstoffbedarf. Steht gerne im Halbschatten (mit viel Licht) in lockerer Erde und regelmäßigen Wassergaben.

AUSSAAT Direktsaat ins Freie von März bis September; maximal 2 cm tief. Keimdauer 5 bis 10 Tage.

PFLEGETIPPS Bekommen Risse, wenn sie nach einer Trockenheitsphase plötzlich zu viel Wasser erhalten.

ERNTE Nach 3 bis 4 Wochen, alle Pflanzenteile sind essbar.

FELDSALAT / VOGERLSALAT

— *Baldriangewächse*

INFO Schwachzehrer; gedeiht in lockerer und feuchter Erde an einem sonnigen bis halbschattigen Platz. Der Wasserbedarf hält sich in Grenzen.

AUSSAAT Direktsaat ab Anfang Juli bis Ende September. Samen 1 bis 2 cm tief in die Erde stecken und angießen.

PFLEGETIPPS Mit einem schützenden Vlies kann Feldsalat ganzjährig über den Winter kultiviert werden.

ERNTE Ab September bis April; nachwachsend.

PFLÜCKSALAT

— *Korbblütler*

INFO Mittel- bis Schwachzehrer; gedeiht in lockerer und humusreicher Erde an einem sonnigen bis halbschattigen Platz. Der Wasserbedarf hält sich in Grenzen, trotzdem die Erde immer feucht halten und Staunässe vermeiden.

AUSSAAT Direktsaat von April bis in den August möglich. Samen 1 bis 2 cm tief in die Erde stecken und angießen.

ERNTE Ab Juni. Wie der Name schon verrät, kann Blatt für Blatt gepflückt werden. Nur die äußersten Blätter ernten, so wächst er immer wieder nach.

RUCOLA

— *Kreuzblütler*

INFO Schwachzehrer, der in lockerer und feuchter Erde an einem sonnigen bis halbschattigen Platz gedeiht. Er hat einen hohen Wasserbedarf, da er sonst zu blühen anfängt und als Salat nicht mehr schmeckt (wird bitter).

AUSSAAT Direktsaat im Freien von März bis September.

PFLEGETIPPS Flachwurzler, daher regelmäßig gießen. Eine Mulchschicht hält die Erdoberfläche länger feucht.

ERNTE Schon nach 3 Wochen, von Mai bis November.

KRESSE

— *Kreuzblütler*

INFO Schwachzehrer, der im Halbschatten bis Schatten (bei genug indirektem Licht) wächst. Der Wasserbedarf ist hoch, die Erde sollte immer feucht gehalten werden. Kresse wächst ebensogut auf Watte oder Küchenpapier.

AUSSAAT Als Direktsaat im Freien oder ganzjährig drinnen auf der Fensterbank möglich. Samen oberflächlich und dicht streuen und immer feucht halten.

ERNTE Die Ernte der kleinen Kressesprösslinge ist bereits 5 Tage nach Aussaat möglich.

ASIA-SALAT

— *Kreuzblütler*

INFO Asia-Salate sind Schwachzehrer. Sie brauchen nicht viel Wärme und gedeihen an einem eher schattigen bis halbschattigen Platz in lockerer und feuchter Erde.

AUSSAAT Als Direktsaat im Freien das ganze Jahr möglich, verträgt Temperaturen von bis zu -10 °C. Die Samen werden über die Erdoberfläche gestreut, leicht angedrückt und vorsichtig angegossen.

ERNTE 4 Wochen nach der Aussaat. Geerntet werden einzelne Blätter oder auch die ganze Pflanze.

ERDBEERE

— *Rosengewächse*

INFO Haben am liebsten Sonne, kommen aber auch im Halbschatten klar. Sie bevorzugen einen leicht sauren und lockeren Boden, haben einen mittleren Wasserbedarf und vertragen keine Staunässe. Erdbeeren sind mehrjährig und winterhart bis -10 °C.

VERMEHRUNG Die Erdbeerpflanze bildet lange Ausläufer, an denen sich mit der Zeit neue Erdbeerpflänzchen mit Wurzeln bilden, siehe Vermehrung Seite 36.

PFLEGETIPPS Alle 3 Jahre sollten die alten Pflanzen durch neue Bestände aus Ausläufern erneuert werden. Bei Fruchtbildung etwas sparsamer gießen und mit Stroh mulchen, um Grauschimmel vorzubeugen. Das hält die Früchte sauber und verhindert zu schnelles Austrocknen der Erdoberfläche. Kranke Blätter regelmäßig entfernen, aber das Herz der Pflanze unbedingt stehen lassen.

ERNTE Sortenabhängig den ganzen Sommer lang.

HIMBEERE

— *Rosengewächse*

INFO Liebt einen sonnigen Platz mit leicht saurem Boden, der bestmöglich feucht gehalten werden sollte.

VERSCHIEDENE ARTEN Sommerhimbeeren: Ernte der Früchte im Sommer, trägt Früchte an den Ruten des Vorjahres (zweijährige braune Ruten), Rückschnitt nach der Ernte - nur die alten, braunen, zweijährigen Triebe bodennah abschneiden, die frischen grünen Ruten für nächstes Jahr stehen lassen. Herbsthimbeeren: Ernte der Früchte im Herbst, trägt Früchte an den neuen Ruten (einjährige, grüne Ruten), Rückschnitt nach der Ernte - alle Triebe bodennah abschneiden, neue Triebe wachsen im Frühjahr.

PFLEGETIPPS Mit Rindenmulch oder Tannengrün mulchen. Nicht die Erdoberfläche harken, denn Wurzelverletzungen können zu Krankheiten führen. Für saure Erde kann Kaffeesatz eingearbeitet werden.

ERNTE Sortenabhängig

JOHANNISBEERE / RIBISEL

— *Stachelbeergewächse*

INFO Johannisbeeren stehen am liebsten an einem windgeschützten Plätzchen in der Sonne oder im Halbschatten. Sie haben einen mittleren Wasserbedarf. Als Flachwurzler sollte die Erde jedoch nicht austrocknen und mit einer Mulchschicht geschützt werden. Bei zu wenig Wasser während der Blüte können diese sogar abfallen.

PFLEGETIPPS Jährlich zwei bis drei der ältesten Triebe wegschneiden und drei der neuen Jungtriebe stehen lassen. Schwere Äste mit viel Fruchtansatz zusätzlich stützen. Nach der Ernte die Sträucher mit Kompost düngen.

ERNTE Je wärmer der Standort, desto früher kann geerntet werden. Die ersten Beeren sind ab April zu sehen.

EXTRA-TIPP Achtung vor den diebischen Vögeln, die roten Beeren sind für die gefiederten Diebe gut aus der Ferne zu sehen.

PHYSALIS

— *Nachtschattengewächse*

INFO Die Physalis ist eine sonnenliebende Pflanze und braucht humose Erde. Ohne große Bedürfnisse, wächst sie schnell zu einem riesigen Busch heran. Sie kommt mit wenig Wasser zurecht. Wer jedoch mehr Früchte will, sollte sie regelmäßig gießen und düngen.

ANZUCHT Voranzucht auf der Fensterbank ab März. Physalis-Samen haben eine lange Keimdauer und brauchen länger in der Entwicklung. Sie sollten einzeln in das Anzuchtgefäß gesteckt werden, da die Sämlinge das Pikieren nicht so gut vertragen.

ERNTE Die süßen Früchte können von Juli bis zum Frost geerntet werden. Sie sind reif, wenn ihre Hülle braun und trocken wird.

EXTRA-TIPP Die Physalis wuchert wie wild, plant lieber etwas mehr Abstand zur nächsten Pflanze ein!

ROSMARIN

— *Lippenblütler*

INFO Sehr wärmeliebend, freut sich daher über einen Platz in der Sonne. Er braucht nur wenig Wasser und bevorzugt sandige Erde. Problemlos kommt er auf dem geschützten Balkon über den Winter.

VERMEHRUNG Bei Rosmarin empfehle ich einen kleinen Setzling im Fachmarkt zu kaufen. Wer diesen später vermehren will, kann das über Stecklinge tun.

ERNTE Von Mai bis September aromatische Zweige ohne Blüte.

SALBEI

— *Lippenblütler*

INFO Sehr wärmeliebend, mag einen Platz in der Sonne. Die Erde sollte leicht sandig sein. Der Wasserbedarf hält sich in Grenzen. Salbei ist eine mehrjährige und winterharte Pflanze, über die du dich Jahr für Jahr auf deinem Balkon freuen kannst.

VERMEHRUNG Bei Salbei empfehle ich ebenfalls einen kleinen Setzling im Fachmarkt zu kaufen. Wer ihn vermehren will, kann Stecklinge schneiden.

ERNTE Das ganze Jahr über einzelne Blätter abzupfen.

THYMIAN

— *Lippenblütler*

INFO Thymian ist ebenfalls sehr wärmeliebend und bevorzugt einen sonnigen Platz. Er hat einen geringen Wasserbedarf und der leicht sandige Boden darf gern ab und zu trocken sein.

VERMEHRUNG Bei Thymian empfehle ich einen kleinen Setzling im Fachmarkt zu kaufen. Wer diesen vermehren will, kann das über Stecklinge der Pflanze tun.

ERNTE Geerntet wird die ganze Saison hindurch. Ganze Stiele abzwicken und die kleinen Blättchen abrebeln.

OREGANO

— *Lippenblütler*

INFO Oregano hält es in der Sonne gut aus, verträgt aber auch Halbschatten. Der Wasserbedarf ist gering. Trockenheitsphasen steckt er besser weg als Staunässe.

VERMEHRUNG Oregano ist eine einjährige Pflanze und muss jedes Jahr neu ausgesät werden. Vorziehen mit Samen auf der Fensterbank ist von März bis Mai möglich. Per Steckling lässt sich das Kraut ebenfalls vermehren.

ERNTE Wenn er nicht zu niedrig abgeschnitten wird, kann er für eine zweite Ernte noch nachwachsen.

SCHNITTLAUCH

— *Narzissengewächse*

INFO Mag Sonne und Halbschatten, braucht viel Wasser und nährstoffreiche Erde. Er ist mehrjährig, winterhart.

VERMEHRUNG Durch Teilung. Aus einem Schnittlauch werden schnell zwei bis drei Pflanzen für dein Beet.

PFLEGETIPPS Schnittlauch ist eines der wenigen Kräuter, die hin und wieder Düngung vertragen.

ERNTE April bis September. Die Halme bis zu zwei Finger breit über dem Boden abschneiden, er wächst nach.

BASILIKUM

— *Lippenblütler*

INFO Sehr wärmeliebend, mag Sonne und Halbschatten. Braucht viel Wasser sowie lockere und feuchte Erde.

VERMEHRUNG Einjährig, muss jedes Jahr neu ausgesät werden. Direktsaat im Freien ab Mai, Lichtkeimer.

PFLEGETIPPS Für buschigen Wuchs regelmäßig die Triebspitzen ernten. Bekommt Basilikum gelbe Blätter, ist ihm draußen wahrscheinlich zu kalt. Wind stärkt die Pflanze.

ERNTE Juni bis September

PETERSILIE

— *Doldenblütler*

INFO Bevorzugt einen halbschattigen bis schattigen Platz. Die Erde sollte locker, humusreich und immer feucht sein. Der Wasserbedarf ist hoch.

VERMEHRUNG Einjährig, muss jedes Jahr neu ausgesät werden. Sollte nicht immer am gleichen Platz kultiviert werden. Direktsaat im Freien von März bis Mai. Saatgut 1 cm tief legen.

ERNTE Juli bis August. Die erste Ernte ist bereits 8 Wochen nach Aussaat möglich.

LIEBSTÖCKEL

— *Doldenblütler*

INFO Wächst im Halbschatten sowie im Schatten und braucht einen humusreichen Boden. Der Wasserbedarf ist mäßig.

VERMEHRUNG Liebstöckel ist mehrjährig und winterhart. Nach dem Winter sprießen wieder neue Triebe im Frühjahr hervor. Kann als Direktsaat ab März ins Freie gesät werden.

ERNTE April bis September. Bei Bedarf die Blätter mit dem Stiel ernten. Kann auf Vorrat gut eingefroren oder getrocknet werden.

DILL

— *Doldenblütler*

INFO Dill fühlt sich an einem sonnigen Platz am wohlsten. Das Kraut ist wärmebedürftig und mag keinen Wind. Die Erde sollte locker und feucht sein. Der Wasserbedarf ist demnach hoch, aber Staunässe sollte vermieden werden.

VERMEHRUNG Dill ist eine einjährige Pflanze und muss jedes Jahr neu ausgesät werden. Sie ist bis zu 0 °C winterhart. Direktsaat im Freien ab April möglich.

ERNTE Dill kann die ganze Saison lang geerntet werden.

MINZE

— *Lippenblütler*

INFO Fühlt sich in der Sonne aber auch im Schatten wohl. In der Sonne entwickeln die Blätter mehr Aroma, im Schatten werden sie größer; hoher Wasserbedarf.

VERMEHRUNG Im Frühjahr die Minze teilen. Sie muss unbedingt alleine in ein Gefäß gepflanzt werden.

PFLEGETIPPS Mehrjährig und winterhart. Die Erde jährlich wechseln. Im Herbst Triebe bodennah abschneiden.

ERNTE Blätter oder ganze Stängel

MELISSE

— *Lippenblütler*

INFO Melisse mag Sonne, fühlt sich aber ebenso an einem halbschattigen Platz wohl. Der Wasserbedarf ist mäßig. Kurze Durststrecken machen ihr nichts aus.

VERMEHRUNG Melisse ist mehrjährig und winterhart. Sie verträgt sogar Temperaturen bis zu -30 °C. Am einfachsten wird sie per Steckling oder durch Teilung der Pflanze vermehrt.

ERNTE Blätter oder ganze Stängel mit Blättern direkt vor Gebrauch abzupfen.

KORIANDER

— *Doldenblütler*

INFO Koriander mag es windgeschützt an einem sonnigen bis halbschattigen Platz. Der Wasserbedarf ist mäßig, aber die Erde sollte feucht gehalten werden.

AUSSAAT Direktsaat im Freien ab März bis Juni. Saatkorn 1 cm tief in die Erde stecken, angießen und feucht halten.

ERNTE Während der ganzen Saison möglich. Einzelne Blätter oder ganze Triebe können geerntet werden.

LAVENDEL

— *Lippenblütler*

INFO Mag es warm, braucht viel Sonne, einen leicht sandigen Boden und nur mäßig Wasser.

VERMEHRUNG Er ist mehrjährig und winterhart. Am einfachsten lässt sich Lavendel mit Stecklingen vermehren.

PFLEGETIPPS Im Frühjahr, bevor der Busch austreibt, die Triebe bis auf eine Handbreit über dem Boden abschneiden.

ERNTE Blühende Triebe ab Frühsommer

KAPUZINERKRESSE

— *Kapuzinerkressengewächse*

INFO Mag Sonne bis Halbschatten, in lockerer, leicht saurer Erde. Der Wasserbedarf ist mäßig, am sonnigen Platz auch mal höher, verträgt aber keine Staunässe.

AUSSAAT Direktsaat im Freien ab Mitte April. Drei Saatkörner gemeinsam in ein ca. 2 cm tiefes Loch stecken.

ERNTE Ab Juni bis zum ersten Frost können die bunten Blüten der Kapuzinerkresse gepflückt werden. Sie sind sehr aromatisch und genauso wie die grünen Blätter und Samen essbar.

GEWÜRZTAGETES

— *Korbblütler*

INFO Die Tagetes bevorzugt einen sonnigen bis halbschattigen Platz, leicht sandigen Boden sowie mäßige Wassergaben. Je mehr Sonne, desto mehr Blüten.

AUSSAAT Vorsaat auf der Fensterbank ab März, Lichtkeimer. Ab Ende Mai dürfen die Blümchen ins Freie.

PFLEGETIPPS Regelmäßiges Abzupfen der verwelkten Blüten regt das Wachstum neuer Knospen an.

ERNTE Die Blüten schmecken wunderbar würzig.

SONNENBLUME

— *Korbblütler*

INFO Mag es warm und sonnig. Der Wasserbedarf ist mittel bis viel, die Erde locker, leicht feucht und etwas sandig.

ANZUCHT Direktsaat im Freien ab April möglich. Die Sonnenblumenkerne in die Erde stecken und feucht halten.

ERNTE Im Herbst die Kerne ernten. Diese sind essbar oder können im nächsten Jahr wieder ausgesät werden. Oder du lässt die Samen an der Pflanze als Vogelfutter.

EXTRA-TIPP Hervorragende Rankhilfe für Kletterpflanzen.

RINGELBLUME

— *Korbblütler*

INFO Die Ringelblume ist ein Sonnenanbeter. Die Erde sollte locker, leicht sandig und mäßig feucht sein.

ANZUCHT Ringelblumen lassen sich problemlos ziehen. Direktsaat im Freien ab März bis Juni. Samen ausstreuen, ein wenig mit Erde bedecken und feucht halten.

ERNTE Ab Juni zeigen sich die ersten Blüten. Bis in den Oktober kommen immer wieder neue Blüten hervor.

EXTRA-TIPP Gute Gründüngung in Erdbeerbeeten.

KAMILLE

— *Korbblütler*

INFO Die Kamille liebt es sonnig und warm. Der Boden sollte locker und leicht sandig sein. Der Wasserbedarf ist eher gering.

ANZUCHT Direktsaat im Freien ab März. Da die Kamille ein Lichtkeimer ist, werden ihre Samen nur oberflächlich auf die Erde gestreut, angedrückt und vorsichtig gegossen.

ERNTE Wenn die ersten Blüten voll aufgeblüht sind, kann man sie ernten. Es kommen immer wieder neue Blüten nach.

MISCHKULTUR: WAS PASST ZUSAMMEN?

Pflanze	Gute Nachbarn	Schlechte Nachbarn
Aubergine	Tagetes (hält Kartoffelkäfer fern), Pflücksalate, Spinat	Kartoffel, Tomate, Paprika, Erbse, Zucchini, Bete
Bete	Bohne, Erbse, Gurke, Pflücksalate, Knoblauch, Erdbeere, Zwiebel, Dill, Tomate, Zucchini	Kartoffel, Möhre, Lauch, Mangold, Spinat, Aubergine, Paprika
Bohne	Dill, Salat, Radieschen, Bete, Tomate, Paprika, Gurke, Zucchini, Mais, Mangold, Kartoffel, Erdbeere, Himbeere, Spinat	Erbse, Zwiebel, Lauch, Schnittlauch, Knoblauch, Bohne
Erbse	Möhre, Dill, Gurke, Radieschen, Zucchini, Pflücksalate, Bete, Mangold, Spinat	Knoblauch, Bohne, Kartoffel, Zwiebel, Lauch, Paprika, Aubergine, Tomate
Erdbeere	Schnittlauch, Radieschen, Knoblauch (schützt vor Bakterien und Pilzkrankheiten), Salate, Dill, Lauch, Spinat, Zwiebel (wirkt gegen Spinnmilben und Pilzkrankheiten) Tagetes, Pflücksalate, Bohne, Petersilie, Bete	alle Kohlarten
Gurke	Basilikum (hilft gegen Mehltau und Weiße Fliege), Erbse, Bohne, Dill, Knoblauch, Lauch, Bete, Zwiebel, Paprika, Pflücksalate	Kartoffel, Radieschen, Tomate, Mais, Paprika, Zucchini
Kartoffel	Kapuzinerkresse, Minze, Ringelblume (hält Nematoden fern und erhöht Ernteertrag), Knoblauch, Spinat, Tagetes, Bohne, Dill	Aubergine, Mangold, Bete, Erbse, Gurke, Tomate, Paprika, Radieschen, Möhre, Zucchini
Knoblauch	Tomate, Salate, Gurke, Kartoffel, Erdbeere, Möhre, Paprika, Bete, Pflücksalate, Dill, Petersilie, Zucchini	Erbse, Kohlarten, Bohne, Zwiebel
Lauch/Porree	Möhre, Erdbeere, Gurke, Tomate, Paprika, Zucchini	Bete, Bohne, Erbse, Zwiebel
Mais	Bohne, Möhre	Bete
Mangold	Zwiebel, Bohne, Möhre, Radieschen, Erbse, Pflücksalate, Paprika	Kartoffel, Tomate, Bete, Spinat

Pflanze	Gute Nachbarn	Schlechte Nachbarn
Möhre	Zwiebel (wirkt gegen Spinnmilben, Möhrenfliege und Pilzkrankheiten), Salate, Radieschen, Lauch, Erbse, Knoblauch, Rosmarin (hilft gegen Möhrenfliege), Dill (fördert die Keimfähigkeit, Duftstoff hält Schädlinge fern), Tomate, Mangold, Zucchini	Bete, Kartoffel, Petersilie
Paprika/Chili	Pflücksalate, Bohne, Knoblauch, Gurke, Spinat, Mangold, Lauch	Kartoffel, Erbse, Bete, Tomate, Aubergine, Gurke, Zucchini
Radieschen	Möhre, Bohne, Erdbeere, Erbse, Kapuzinerkresse (fördert das Aroma), Möhre, Pflücksalat, Spinat, Tomate, Mangold	Gurke, Zwiebel, Kartoffel
Salate	passen zu fast jedem Gemüse und Obst	Petersilie
Spinat	Erdbeere, Kartoffel, Radieschen, Tomate, Aubergine, Erbse, Pflücksalate, Bohne, Paprika	Bete, Mangold
Tomate	Basilikum (hält Mehltau und Weiße Fliege fern), Tagetes, Knoblauch, Bohne, Lauch, Radieschen, Spinat, Kapuzinerkresse, Möhre, Pflücksalate, Ringelblume, Zwiebel, Petersilie, Bete	Gurke, Kartoffel, Aubergine, Mangold, Paprika, Erbse, Zucchini
Zucchini	Bohne, Erbse, Kapuzinerkresse, Zwiebel, Bete, Salate, Möhre, Lauch, Knoblauch, Petersilie, Dill	Gurke, Tomate, Paprika, Aubergine, Kartoffel
Zwiebel	Möhre, Mangold, Erdbeere, Gurke, Tomate, Zucchini, Dill, Bete, Salate, Petersilie	Bohne, Erbse, Radieschen, Kohlarten, Lauch, Knoblauch

PFLEGE IM HOCHBEET

Gießen und düngen

Im Hochbeet kannst du mit einfachen Mitteln deine Pflanzen beim Wachsen unterstützen. Mulch ist ein wahres Wundermittel, der u. a. düngt und vor Austrocknung schützt.

GIESSEN

Das Thema Gießen klingt einfach, ist aber eine kleine Wissenschaft für sich. Um das Ganze nicht zu verkomplizieren: Es ist wichtig, dass die Pflanze überhaupt irgendwie an Wasser kommt, um zu überleben. Wann und wie gegossen wird, ist ausschlaggebend für das Wohlbefinden der Pflanzen und eine ertragreiche Ernte.

Frühmorgens gießen

Der beste Zeitpunkt für das Gießen ist am frühen Morgen. Gießen um die Mittagszeit würde ich absolut nicht empfehlen, die plötzliche Wasserzufuhr in der Mittagshitze würde die Pflanze sehr stressen. Zur Not kannst du deine Pflanzen mit lauwarmem Wasser leicht angießen und dabei nicht die Blätter anspritzen.
Gießen am Abend ist auch nicht ideal, zu später Stunde bleiben die Wurzeln über Nacht feucht, und auch Pflanzen wollen nicht mit nassen Füßen schlafen gehen.

Nicht das Blattwerk nass machen

Beim Gießen solltest du immer unten beim Stamm in die Erde gießen. Pflanzen neigen zu Pilzkrankheiten, wenn aufgrund von zu wenig Luftzirkulation zwischen den Blättern das Wasser nicht schnell genug abtrocknen kann. Tomatenpflanzen können bei einer Dusche über das Blattwerk leichter Braunfäule bekommen. Die Ausnahme dieser Regel sind Gurkenpflanzen, sie lieben es sogar zwischendurch mit Wasser abgeduscht zu werden.

Mulch gegen Trockenstress

Pflanzen bekommen Trockenstress, wenn sie eine Zeit lang mit Hitze und Trockenheit zu kämpfen haben. Einige Pflanzen, wie beispielsweise Salate, reagieren darauf mit dem Einsetzen der Blüte. Da kein Wasser da ist, glauben sie, es geht für sie bald dem Ende zu und wollen sich deshalb noch schnell weitervermehren. Sie bilden Blüten und Samen, um ihr Fortbestehen zu sichern. Eine gewisse Regelmäßigkeit beim Gießen und Feuchthalten der Erde ist daher wichtig, um Trockenstress zu vermeiden. Eine Mulchschicht sorgt dafür, dass die Erdoberfläche nicht so schnell austrocknet und die Erde darunter länger feucht bleibt.

Drainage gegen Wasserstau

Wasserstau ist der schleichende Tod für Pflanzen. Das Problem ist nicht immer gleich zu erkennen, da zuerst die Wurzeln, die ständig im Wasser stehen, langsam anfangen zu faulen. Abgefaulte Wurzeln können die Pflanze aber nicht mehr mit Nährstoffen versorgen und so geht schließlich die ganze Pflanze zu Grunde. Sind die Folgen für uns

1

2

3

zu sehen, ist es meist schon für eine Rettung zu spät. Warnzeichen können gelbe Blätter oder Blattfall sein.
Um Staunässe zu vermeiden, muss das überschüssige Wasser aus dem Gefäß abfließen können. Entweder durch Holzritzen oder Löcher im Boden. Auch eine Drainageschicht aus Lavasteinen hilft.

Olla-Bewässerung

Die Bewässerung mit einer Olla ist eine besondere Art, um die Erde im Beet feucht zu halten. Sie ist ein Gefäß aus unglasiertem Ton mit einem Loch. Sie wird in die Erde eingegraben und durch das Loch mit Wasser befüllt. Dort gibt sie durch die Tonwand stetig Flüssigkeit an das umliegende Erdreich ab. Die Erde trocknet nun nicht mehr so schnell aus und die Pflanzen bekommen keinen Trockenheitsstress.

Olla basteln

1. Eine Olla zur Bewässerung selber zu bauen ist super einfach. Du brauchst: einen unglasierten Tontopf mit einem Loch am Boden sowie einen Ton-Untersetzer mit demselben Durchmesser wie der obere Rand des Tontopfes, außerdem Kleber.

2. Auf den Topf den Untersetzer kleben, sodass er bis auf das Loch im Boden komplett geschlossen ist.

3. Im Hochbeet ein Loch ausheben und den Topf mit dem Loch nach oben eingraben, sodass die Öffnung nicht mit Erde bedeckt wird. Durch dieses Loch wird der Topf mit Wasser befüllt. Wer möchte, kann über die Öffnung einen Stein legen, damit keine Nützlinge hineinfallen.

1

2

Tannenbaum auf dem Balkon entsorgen

Du kannst die Tannenzweige vom Weihnachtsbaum abschneiden und auf den Hochbeeten verteilen. Das schützt nicht nur das Wintergemüse vor ein wenig Frost, sondern ist ein beliebter Unterschlupf für Marienkäferlarven.

Regelmäßig wird der Tontopf wieder mit Wasser befüllt. Je nach Größe der Olla, der Beetgröße und dem Wasserbedarf der Pflanzen, hält eine Wasserfüllung bis zu 3 Tage.

WUNDERMITTEL MULCH

Ein Beet zu mulchen, ist eine der besten und wichtigsten Aufgaben und erspart dir später viel Arbeit, Zeit und Ressourcen.
Der Mulch ist ein organisches Material, welcher 1–3 cm auf die Erde des Beetes aufgetragen wird. Dadurch trocknet die Erde darunter nicht so schnell aus. Je nach Material düngt er zugleich oder bietet Unterschlupf für Nützlinge.
Das organische Material kann Rasenschnitt, Rindenmulch, Bio-Faser, Stroh, Laub oder sogar Tannengrün und Tannenzapfen sein.
Wichtig: Im Frühling sollte der alte Mulch grob entfernt werden, die Reste kannst du in die Erde einarbeiten. Wenn die neuen Setzlinge ihr Beet beziehen, wird eine neue Mulchschicht aufgetragen.

Mulchen gegen Austrocknung

Der Hauptgrund, weshalb gemulcht wird ist, dass die Feuchtigkeit im Boden bleibt und die Erde durch direkte Sonneneinstrahlung nicht austrocknet. Das spart einiges an Gießwasser und auch Zeit, da nicht so oft gegossen werden muss.
Nach dem Gießen oder nach Regen sackt die Erde oftmals ein wenig zusammen und wird dabei sehr kompakt. Damit sie wieder locker und luftdurchlässig wird, sollte nach Regentagen die Erdoberfläche aufgelockert werden. Ist jedoch die Oberfläche mit einer Mulchschicht bedeckt, verschlammt der Boden nicht so schnell und bleibt locker. Das spart einiges an Arbeit, wenn der Boden nicht immer wieder aufs Neue mit der Hand aufgelockert werden muss.

Mulchen gegen „Unkraut"

Eine dicke Mulchschicht auf der Erde hemmt das Wachstum von anderem, unerwünschtem Grünzeug. Bei leicht saurer Erde wird oft Rindenmulch verwendet, Stroh bei normaler Erde.

3

Mulchen für saubere Früchte

Wenn die Erdbeerpflanze Früchte trägt, liegen diese oft auf der Erde auf. Bei nasser Erde besteht die Gefahr des Faulens. Dagegen kannst du die Erdbeerpflanzen mit Stroh mulchen, so bleiben die Früchte zugleich sauber. Das Selbe gilt für die Zucchini.

Mulchen für Nährstoffe

– Bio-Faser ist ein tolles Produkt zum Mulchen und düngt zugleich. Es ist ein fasriger Mix aus Stroh, Rinde und Rindermist. Zugegeben, es wird anfangs ein wenig stinken, aber der Geruch vergeht schnell.

– Rindenmulch sind kleine Fasern oder Stücke von der Baumrinde. Er ist hervorragend für all jene Pflanzen, die einen leicht sauren Boden bevorzugen, beispielsweise Himbeeren und einige weitere Obststräucher.

Egal für welches Mulchmaterial du dich entscheidest, mit der Zeit verarbeiten Mikroorganismen und viele andere Kleinstlebewesen das organische Material und beleben so die Erde wieder.

Mulchen für Nützlinge

Im Herbst musst du herabfallende Blätter nicht wegräumen, sondern

1. Beetvorbereitung im Frühjahr: alte Mulchschicht entsorgen und die feinen Reste mit frischem Kompost in die Erde einarbeiten
2. Beetschutz im Winter: Weihnachtsbaum-Reisig als Schnee- und Kälteschutz
3. Beetschutz im Sommer: Mulchschicht aus Stroh gegen Unkraut, Austrocknung …
4. … und als Schutz für Früchte

4

kannst sie im Hochbeet liegen lassen. Herbstlaub ist ein guter Unterschlupf für viele Nützlinge. Sie werden dir sehr dankbar sein und ihre Larven werden in der kommenden Saison viele Schädlinge wegfressen.

DÜNGEN

Regelmäßiges Düngen ist essenziell für eine gute Entwicklung der Pflanzen in deinem Hochbeet sowie für eine ertragreiche Ernte mit gesunden Früchten. Zu unterscheiden gibt es mineralische und organische Dünger.

Mineralische Dünger

Mineralischer Dünger ist künstlich zusammengesetzt, der Energieverbrauch ist bei der Herstellung recht hoch. Die Dünger wirken schnell und sind sofort für die Pflanze verfügbar, können aber bei falscher Handhabe ungenutzt abfließen. Mineralischer Dünger ist nicht sehr nachhaltig und auch nicht umweltfreundlich, weshalb ich lieber zu organischen Düngemitteln greife.

Organische Dünger

Organischer Dünger ist immer natürlichen Ursprungs und besteht aus

Organische Dünger sind schonend zu den Wurzeln. Sie geben ihre Nährstoffe langsam und gleichmäßig ab.

Erde aufwerten: mit Pflanzen, die ihren eigenen Stickstoff erzeugen und die Erde damit anreichern

Pflanzenabfällen oder tierischen Abfallprodukten.

– Beispiele für organische Dünger auf Pflanzenbasis: Kompost, Pflanzenjauche aus Brennnessel oder Schachtelhalm, Kleepellets, Abfälle aus der Weinerzeugung

– Beispiele für organische Dünger auf Basis von tierischen Abfallprodukten: Rinder-, Alpaka- oder Pferdemist, Schafwolle, Hornspäne.

Organischer Dünger wird von Mikroorganismen in der Erde zersetzt und so Stück für Stück an die Pflanze und ihre Wurzeln abgegeben. Diese Art von Düngung ist viel schonender und nachhaltiger. Sie recycelt natürliche Abfallstoffe und belebt damit die Erde wieder.

Organischer Dünger wie Pflanzenjauche kann einfach und kostengünstig selbst hergestellt werden. Die Brennnesseljauche düngt nicht nur, sondern hält auch Schädlinge wie die Blattlaus fern. Eine Jauche aus Schachtelhalm beugt Pilzerkrankungen vor.

Gründüngung pflanzen

Bei der Gründüngung werden Leguminosen wie Klee oder Lupinen gepflanzt, welche die Erde wieder mit Nährstoffen anreichern und deren Wurzeln zur Bodenlockerung beitragen. Das Saatgut wird direkt nach der Gemüseernte ausgesät.

Das gewachsene Grün bleibt über Winter im Hochbeet und darf bei Frost und unter der Schneedecke auch absterben. Das ist wiederum neues Futter für Mikroorganismen, die beim Zersetzen der Gründüngung ebenso den Boden mit weiteren Nährstoffen anreichern. Im Frühling, wenn das Beet vorbereitet wird, werden die Reste der Gründüngung in die Erde eingearbeitet.

Bio-Dünger selber machen

Gute Komposterde belebt jeden Boden. Sie ist organisch, natürlich und umweltfreundlich. Auch für den Balkon gibt es gute Möglichkeiten, eigenen Dünger selbst herzustellen.

Die klassische Komposttonne

Für einen echten Misthaufen oder eine Komposttonne, wie man es aus dem Garten kennt, sind die meisten Balkone zu klein. Auch auf größeren Terrassen würde ich wegen der Geruchsentwicklung vom Aufstellen einer Komposttonne abraten. Zudem sind im Kompost unzählige – wichtige – Tierchen unterwegs, die vielleicht nicht jeder in seinem grünen Outdoor-Wohnzimmer haben möchte.

Der Komposteimer: Bokashi

Die kleinere Alternative zur Komposttonne ist der Komposteimer. Hierbei wird der Bio-Müll in einem Eimer (mit Deckel!) gesammelt und fermentiert. Damit die Abfälle zersetzt werden können, müssen effektive Mikroorganismen zugefügt werden. Das Ganze findet – im Gegensatz zur regulären Kompostierung – unter Luftabschluss statt, ähnlich wie beim Prinzip des Sauerkrautmachens. Nach ein paar Wochen kann die gegärte Masse unter die Erde gemischt werden, der „Saft“ dient als Flüssigdünger.

Bio-Müll direkt in die Erde mischen

Wer sich nicht um den Prozess der Mikroorganismen in einem extra Eimer kümmern will, kann seinen Tee- und Kaffeesatz, Bananenschalen sowie andere Obst- und Gemüseabfälle zerkleinern und direkt unter die Erde ins Beet mischen. Die vorhandenen Mikroorganismen und der ein oder andere Regenwurm zerlegen die Bio-Abfälle gleich direkt im Beet zu düngender Komposterde.

Jauche als Dünger

Brennnesseljauche ist mir die liebste Form von Dünger. Sie ist umweltfreundlich, weil sie zu 100 % aus natürlichen Stoffen besteht. Zudem ist sie einfach selber zu machen und kostet dich somit nur ein wenig Zeit und Geschick beim Pflücken der Brennnesselblätter.

Tipp

Brennnesselblätter einfach wie einen Tee zubereiten: 1 EL getrocknete Brennnesselblätter mit 1 l heißem Wasser aufgießen und 24 Stunden ziehen lassen. Düngt und hilft gegen Schädlinge!

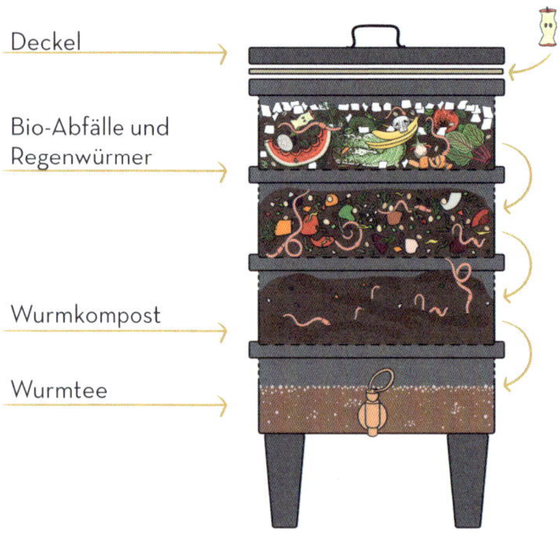

Die Regenwurmbox

Ob draußen auf dem Balkon oder sogar drinnen in der Wohnung: Die Haltung von Regenwürmern ist zum Trend geworden.

Es gibt die verschiedensten Wurmsysteme in Form einer Kiste oder eines Turms. Selbst Wurmkisten, die als stylische Hocker getarnt sind, können erworben und dann sogar ins Wohnzimmer gestellt werden. Keine Angst, die Wurmkisten stinken nicht, solange der Deckel geschlossen ist. Aber auch geöffnet hält sich der Geruch in Grenzen (kann durch Gesteinsmehl verbessert werden!), manchmal tauchen Obstfliegen auf.

Das Grundprinzip ist bei allen Modellen ähnlich: Die Regenwürmer suchen in einem Bereich der Kiste nach Nahrung, ist dort nichts mehr zu finden, kriechen sie immer weiter (höher) und suchen nach abgestorbenem Pflanzenmaterial. Daher funktioniert für mich das Turmsystem am besten.

Tipp

Gesteinsmehl ist ein wahres Wundermittel, das beim Kompostieren Gerüche bindet und gleichzeitig das Bodenleben anregt.

Regenwürmer sind fantastische Tierchen

– Nachhaltig: Regenwürmer fressen Bio-Müll.
– Recycling: Die Ausscheidungen der Regenwürmer, der Wurmkompost, ist ein toller natürlicher Dünger.
– Tea-Time: Wasser, das sich in einem Regenwurmsystem unten absetzt, nennt man Wurmtee. Er kann wunderbar als Flüssigdünger verwendet werden.
– Regenwürmer sind einfach in der Haltung, da sie in einem geschlossenen System gehalten werden.

Regenwurmsystem: Mehrstöckiger Turm

1. Bei diesem Turm sind mehrere flache Fächer übereinandergestapelt. Diese sind mit kleinen Löchern, ähnlich einem Sieb, ausgestattet, damit die Würmer bei Bedarf nach oben weiterziehen können.
2. Im untersten Fach fangen die Würmer an, euren Bio-Müll zu fressen und als Komposterde wieder auszuscheiden.
3. Wird das erste Fach langsam voll, kommt neuer Bio-Müll in das leere Fach darüber.
4. Finden die Würmer im unteren Fach keine Reste mehr zum Fressen, begeben sie sich eine Etage weiter hinauf, um an neuen Bio-Müll zu kommen.
5. Das unterste Fach ist nun voll mit Wurmkompost und kann auf die Beete verteilt werden.
6. Anschließend kommt das leere Fach oben auf und so geht das immer weiter, Fach für Fach.
7. Im besten Fall hat der Turm unten einen kleinen Zapfhahn, um Wurmtee als Flüssigdünger abzapfen zu können.

→ Befülle das unterste Fach zur Hälfte mit organischem Material wie Pflanzenreste, Erde, Stroh oder Papier sowie Kaffee- oder Teeresten.

Tipps zur Haltung vom Wunder-Wurm

– Das System, egal ob Turm oder Kiste, sollte nicht in der direkten Sonne stehen.
– Regenwürmer überleben im Freien in tieferen Bodenschichten auch bei Minustemperaturen und warten, bis es wieder wärmer wird. Daher musst du deinen Wurmturm im Herbst/Winter ggf. nach drinnen an einen gut temperierten Ort (10–15 °C bringen) bringen.
– Auch wenn es kalt ist, verarbeiten sie den Bio-Müll. Lediglich etwas langsamer.
– Hin und wieder solltest du ein paar Blätter Zellulose, wie Küchenpapier, zu den Würmern geben. Es saugt überschüssiges Wasser auf und wird ebenfalls von den Würmern gefressen.
– Regenwürmer lieben Kaffee. Mit Kaffeesatz in der Wurmkiste kannst du die Tätigkeit der Würmer extra anregen.
– Härterer Bio-Müll wie Avocadoschalen würde ich nicht empfehlen und anderweitig entsorgen. Je fester der Bio-Müll, desto länger brauchen die Würmer, diesen zu zerlegen und der liegt dann gefühlt eine Ewigkeit in der Komposterde herum. Den Bio-Müll vorher etwas zerkleinern, dann haben die Würmer weniger Arbeit.
– Keine tierischen Abfälle wie Fleisch, Fisch, Milchprodukte, Eiabfälle oder Kot in ein Wurmsystem geben! Auch Gekochtes darf nicht in die Regenwurmtonne.

Tierische Plagegeister

Schädlinge, Krankheiten oder andere Probleme kommen und gehen. Es ist der Kreislauf der Natur. Gesunde und starke Pflanzen haben die Kraft, sich zu verteidigen. Kranke und gestresste Pflanzen sind anfälliger für Schädlinge, auch das Klima spielt dabei eine Rolle.

TRAUERMÜCKE

Die Trauermücke ist oft der erste Schädling, auf den man schon zu Beginn der Saison trifft. Die Fliegen können uns schon aus schlecht gelagerter Anzuchterde entgegenkommen oder schwirren spätestens bei der Anzucht auf der Fensterbank um die Anzuchttöpfe herum.
Trauermücken lieben feuchtes Klima und legen ihre Larven in feuchter Erde ab. Die Anzuchtstation ist dafür ein gefundenes Plätzchen.
Die Larven der Trauermücken sind leicht transparente, millimetergroße Würmer. Sie sehen aus wie ganz kleine Reisnudeln. Sie wachsen in feuchter Erde heran und ernähren sich von Wurzeln. Für viele Balkongärtner ist das schon der erste Rückschlag.

Vorbeugen & Bekämpfen

– Richtige Lagerung der Anzuchterde: Um sich Trauermucken erst gar nicht ins Haus zu holen, solltest du beim Kauf der Anzuchterde darauf achten, ob diese gut gelagert wurde. Im Freien sollte sie überdacht und nicht im Nassen liegen.
– Anzuchterde sterilisieren: Fliegen dir trotzdem Trauermücken aus dem Erdsack entgegen, musst du die Erde vor der Verwendung unbedingt sterilisieren, damit du dir sicher sein kannst, dass keine Larven in der Erde sind (siehe Seite 29).
– Gelbsticker: Da die Erde in den Anzuchttöpfen immer feucht gehalten werden muss, lässt es sich oft nicht vermeiden, dass trotzdem von irgendwoher eine Mücke auftaucht. Um rasches Vermehren der Trauermücke zu unterbinden, kannst du mit Gelbstickern die Ausbreitung im Rahmen halten. Gelbsticker sind klebende Schilder, die in die Erde gesteckt werden. Die Mücken bleiben daran kleben, da sie von Gelb angezogen werden. Bitte nur in Innenräumen verwenden, im Freien werden sonst auch Bienen etc. angelockt und bleiben kleben.

Achtung: Im Freien können auch Nützlinge auf den Gelbstickern kleben bleiben.

Ameisen bei der Nahrungsbeschaffung: Sie holen sich den süßen Tau, den die Blattläuse ausscheiden.

AMEISEN LIEBEN BLATTLÄUSE

Ameisen lieben die süßliche, zähflüssige Substanz, die von Blattläusen abgesondert wird. Deshalb halten sich Ameisen die Blattläuse wie der Bauer seine Kühe, um diese zu melken. Wer den ganzen Trubel genauer beobachtet, kann erkennen, dass von den Ameisen Baby-Blattläuse aufgezogen werden und sogar später von ihnen hinauf aufs Blatt getragen werden. Dort dürfen die Blattläuse saugen und die Ameisen bekommen regelmäßig den süßen Tau der Blattläuse. Hier wäre die Bekämpfung der Blattläuse völlig umsonst, da die Ameisen immer wieder neue Läuse zu den Blättern bringen werden. Deshalb musst du das Ameisenproblem zuerst in den Griff bekommen.

– Sandschicht auf der Oberfläche: eine weitere Möglichkeit Trauermücken daran zu hindern, ihre Larven in die feuchte Erde abzulegen. Durch die Sandschicht kommen die Mücken nicht zur feuchten Erde durch. Dabei musst du aber aufpassen, dass die zarten Keimlinge es trotzdem durch die Sandschicht an die Oberfläche schaffen. Deshalb bloß nicht zu viel Sand streuen!

BLATTLÄUSE

Blattläuse sind Blattsauger und saugen die Flüssigkeit aus dem Blatt. In großen Mengen können sie erheblichen Schaden anrichten. Kleine Setzlinge mit erst wenigen, frischen Blättern können sehr geschwächt werden oder sogar eingehen. Größere Pflanzen verkraften über einen kurzen Zeitraum den Befall von Blattläusen besser, doch auch hier sollte lieber schnell gehandelt werden. Also Augen auf im Frühjahr, die ersten Blattläuse sind bereits ab März unterwegs.

Vorbeugen & Bekämpfen

– Regelmäßige Kontrolle der Setzlinge: Auch in kleinsten Blattachseln oder noch frischen, eingerollten Blättern und geschlossenen Blüten verstecken sich die Plagegeister gerne. Du solltest sie sofort zerdrücken, damit sie sich nicht weiter vermehren. Ein guter Hinweis auf ihr Dasein ist das Auftauchen von Ameisen!
– Brennnesseltee und -jauche: Zur Vorbeugung hilft es, die Setzlinge von Anfang an mit Brennnesseltee zu besprühen. Ausgewachsene Pflanzen kannst du mit verdünnter Brennnesseljauche gießen (siehe Seite 97).
– Besprühen mit Schmierseifen-

Augen auf: Es ist schwierig Spinnmilben loszuwerden, wenn sie sich schon über die ganze Pflanze ausgebreitet haben.

wasser: Du kannst die befallene Pflanze mit einem Wasser-Seifen-Spiritus-Gemisch (in 1 Liter Wasser 50 g Schmierseife auflösen und 2 TL Spiritus untermischen) abspritzen oder einpinseln.

– Natürliche Feinde der Blattlaus: Der Marienkäfer und die Marienkäferlarve fressen täglich Unmengen an Blattläusen. Deshalb ist es umso wichtiger, für Nützlinge genug Unterschlupf zur Verfügung zu stellen, damit sie sich auch auf dem Balkon vermehren können. Zur Not können Marienkäfer zur Bekämpfung sogar im Gartencenter bestellt werden. Die Florfliege gehört nach dem Marienkäfer zu den Nützlingen, die am meisten Blattläuse fressen. Wespen haben einen schlechteren Ruf als sie verdienen, denn auch sie fressen Blattläuse.

AMEISEN

Ameisen sind im Garten und im Wald sehr nützliche Tiere, auf dem Balkon können sie leider schnell zum Problem werden. Sie vermehren sich unaufhaltbar, siedeln sich in den Beeten an und können sogar ganze Balkon-Bäume aushöhlen und als Bau verwenden. Im schlimmsten Fall stürmen sie sogar die Wohnung, da der Balkon mit Nahrung und Platz begrenzt ist.

Vorbeugen & Bekämpfen

– Gerüche: Ameisen machen um starke Gerüche einen großen Bogen. Du kannst Essigwasser sprühen, Zimt streuen oder einen Lavendelbusch pflanzen. Das mag Ameisen vielleicht aus dem einen Beet vertreiben, aber sie siedeln sich gleich wieder im nächsten Beet oder Topf an. Auf ei-

nem Balkon gibt es, im Gegensatz zu einem Garten, für Ameisen leider keine Alternativen um auszuweichen. Deshalb ist die Methode, die Ameisen mit starken Gerüchen komplett vom Balkon zu vertreiben, relativ sinnlos.
– Umsiedeln: Eine andere Möglichkeit ist, den ganzen Bau umzusiedeln. Die ganze Erde samt der befallenen Pflanze ausräumen und in einem Naturpark oder Wald ablegen. Diese Methode ist nervenraubend und das Problem ist damit oftmals nicht gelöst. Du müsstest schon alle Ameisen erwischen, sonst breiten sie sich erneut aus.
– Schlussstrich ziehen: Ameisen lassen sich nicht wirklich vom Balkon vertreiben. Ein paar wenige Ameisen sind absolut kein Problem. Doch wenn es überhandnimmt, Pflanzen unterwandert und ganze Bäume eingenommen werden, wird es zu einem richtigen Problem. Es bedarf letztendlich leider schärferer Maßnahmen – die Bekämpfung mit „Gift". Damit meine ich nicht chemische, für den Menschen giftige Substanzen. Diese würden nämlich in die Erde sickern und von unseren Pflanzen und Früchten aufgenommen werden. Es gibt auch natürliche Stoffe, die nur für die Ameise den Tod bedeuten. Im Gartenfachmarkt gibt es dazu gute Beratung.

SPINNMILBEN

Spinnmilben schleichen sich langsam ein und plötzlich verwelkt ein Blatt. Auf den ersten Blick sind sie oft nicht zu erkennen, aber bei genauerem Hinsehen lassen sich ein leicht staubiger Belag und feine Spinnweben erkennen. Die kleinen Spinnmilben sind ebenfalls Sauger und saugen dem Blatt quasi das Leben aus.

Vorbeugen & Bekämpfen

– Spinnmilben lieben warme und trockene Luft. Das ist auch der Grund, weshalb sie öfter bei Tomatenpflanzen auftauchen. Tomatenpflanzen haben es ebenfalls gerne warm und trocken und sind so der beste Platz für Spinnmilben, um sich breitzumachen.
– Oft sind auch Setzlinge auf der Fensterbank davon betroffen. In der Wohnung herrscht wärmeres und trockeneres Klima als im Freien. Je größer und länger die Pflänzchen in der Wohnung verweilen, desto höher ist die Wahrscheinlichkeit, von Spinnmilben befallen zu werden. Deshalb

Neem-Öl oder Schmierseife

Gegen Spinnmilben kannst du Neem-Öl auf die Tomatenblätter sprühen, um sie loszuwerden. Dafür Neem-Öl oder Schmierseife mit Wasser mischen und für ein paar Tage regelmäßig das Blattwerk damit besprühen. Auch die Unterseite darfst du nicht vergessen, dort siedeln sich die Spinnmilben am liebsten an.

Unsichtbare Sauger: Blattläuse verstecken sich gerne an nicht gleich sichtbaren Stellen.

ist es auch so wichtig, die Samen nicht zu früh auszusäen, damit der Setzling letztendlich nicht zu lange in der Wohnung stehen muss.
– Gute Durchlüftung im Blattwerk macht es den Spinnmilben ungemütlich. Bei zu dichtem Wuchs kannst du durch Auslichten von ein paar Ästen zur besseren Luftzirkulation beitragen.

WANZEN

Die Stinkwanze macht sich seit den letzten Jahren immer mehr bei uns breit. Ein Grund dafür kann durchaus der Klimawandel sein: Stinkwanzen lieben es warm und trocken. Heiße Sommertage und wenig Niederschlag sind super Bedingungen für die kleinen Käfer.
Die Stinkwanze ist eigentlich keine Bedrohung und schadet ebenso wenig dem Menschen. Kommt sie vereinzelt vor, ist das kein Grund zur Sorge. Jedoch nehmen diese Wanzen schnell überhand, vermehren sich rasant und beeinträchtigen auf längere Sicht den Fruchtertrag.

Die Larven der Stinkwanzen können leicht mit denen des Marienkäfers verwechselt werden.

Vorbeugen & Bekämpfen

– Absuchen, Absammeln und Entfernen von Eiern, Larven und Wanzen ist am effektivsten.
– Eierlager finden: Die Stinkwanze legt ihre Eier auf der Blattunterseite ab. Leicht zu erkennen, da diese kleinen weißen Eier eng aneinander und oft in Kreisform gelegt sind. Am besten zwickst du gleich das ganze Blatt ab und entsorgst es, um das Nest zu entfernen.
– Wanzenlarven erkennen: Auf den ersten Blick sehen die Wanzenlarven den Marienkäfern sehr ähnlich. Sie werden oft verwechselt und erst garnicht entsorgt.
– Die Erde feucht halten oder mit aufgestellten Wasserschalen für mehr Luftfeuchtigkeit sorgen.

DICKMAULRÜSSLER

Dickmaulrüssler sind der schleichende Tod der Pflanzen. Die Käfer fressen sich liebend gern durchs Blattwerk und hinterlassen eine Schneise an Fressspuren an den Blättern. Die eigentliche Gefahr für die Pflanzen sind aber seine Larven. Diese sitzen in der Erde und ernähren sich von den Wurzeln. Unbehandelt und in großer Zahl, kann das die Pflanze nachhaltig schädigen.

Vorbeugen & Bekämpfen

– Absammeln, absammeln, absammeln. Die nicht sehr wählerischen Käfer sind untertags kaum zu sehen, sie kommen bei Dämmerung heraus und fressen sich voll. Am nächsten Tag wundert man sich, da den ganzen Tag kein Käfer zu sehen war. Abends zur Dämmerung kann man die Käfer absammeln und entsorgen.

1

2

1. Bier im Glas eignet sich hervorragend als Schneckenfalle im Hochbeet.

2. Schnecken legen ihre Eier am liebsten in feuchter Umgebung ab. Leider auch unter Mulchschichten. Aufspüren, einsammeln und entsorgen!

– Die Larven in der Erde müssen ebenfalls bekämpft werden. Hierzu gibt es eine tolle, umweltfreundliche Methode: die Erde mit Nematoden gießen. Nematoden sind mikroskopisch kleine Fadenwürmer, die die Larven von Dickmaulrüsslern und Trauermücken fressen. Mithilfe von Wasser werden sie in die Erde gegossen und verteilt. Online oder im Gartencenter kann man diese nützlichen Tierchen kaufen. 5 Millionen Nematoden reichen für eine Fläche von 10 m^2 Erde.

SCHNECKEN

Es gibt viele verschiedene Arten von Schnecken. Die meisten sind harmlos (insbesondere die Häuschenschnecken), doch die braune Nacktschnecke ist der Feind jedes Gartenbesitzers. Zum Glück bleibt man auf Balkonen oft von Schnecken verschont, doch Augen auf beim Kauf von Jungpflanzen. So ein Schneckenei ist schnell einmal mit dem gekauften Setzling eingeschleppt. Hast du einmal eine Schnecke am Balkon gesichtet, heißt es sofort zu handeln.

Schnecken vermehren sich schnell, sie sind Zwitter und besitzen beide Geschlechter. Ihre vielen Eier legen sie gut geschützt unter Blattwerk, Holz, in diversen Ritzen und leider auch unter feuchten Mulchschichten ab.

Da hilft jetzt nur noch Bier

Neben dem Absammeln ist die beste und einfachste Methode Schnecken im Hochbeet in den Griff zu bekommen, die Bierfalle. Dazu gräbst du ein tiefes Glas bis fast zum Rand in der Erde ein und füllst es zur Hälfte mit Bier. Danach musst du nur noch abwarten. Die Schnecken folgen dem Geruch und fallen in das Bierglas hinein. Das Bierglas muss regelmäßig ausgetauscht und mit neuem Bier gefüllt werden.

1

2

ENGERLINGE

Engerlinge sind dicke weiße Maden und tauchen manchmal während dem Umgraben der Erde auf.
Auf den ersten Blick schauen sie alle gleich aus. Aber es gibt gute und weniger gute Engerlinge.

– Die Larven des Rosenkäfers sind der Freund des Gärtners. Dieser Nützling zersetzt abgestorbenes Pflanzenmaterial und trägt zur Bodenverbesserung bei.

– Die Larven des Maikäfers und Junikäfers sind der Feind des Gärtners. Die dicken Maden leben in der Erde und ernähren sich vom Wurzelwerk der Pflanzen. Wird der Schaden bemerkt, ist es für die Pflanze oft schon zu spät.

So erkennst du die Larve

Man legt die eingerollten Engerlinge auf eine glatte Oberfläche. Die Rosenkäferlarve streckt sich aus und krabbelt auf dem Rücken davon. Die vielen kurzen kleinen Beinchen schauen dabei nach oben.
Der Maikäferengerling bleibt in Seitenlage und versucht sich so fortzubewegen. Diese Larve hat auch längere Beine.

VORSICHT IST AUCH BEI DIESEN TIEREN GEBOTEN

Wespen sind hervorragende Lausfresser und Vögel bedienen sich auch mal gern am Käfer-Buffet. Trotzdem sind sie auch kleine Diebe! Wer seine süßen Beeren und Trauben nicht mit ihnen teilen will, schützt diese mit einem Vliessäckchen. Der Vliesstoff lässt das Licht zum Reifen der Früchte durch und hält gleichzeitig Diebe wie Wespen und Vögel davon ab, sie an Ort und Stelle zu vernaschen.
Achtung, auch die ein oder andere Maus schafft es auf den Balkon hinauf.

DAS BESTE MITTEL GEGEN SCHÄDLINGE …

… ist die Natur selbst. Es gibt so viele verschiedene Nützlinge, wie Marienkäfer und Florfliege, die uns bei Blattläusen usw. tatkräftig unterstützen

3

4

oder das Problem sogar alleine beseitigen. Bienen und Hummeln sind unerlässlich für die Bestäubung der Blüten, Regenwürmer sorgen für eine nährstoffreiche und gut durchlüftete Erde. Im Allgemeinen sollte man den Balkon so naturbelassen wie möglich gestalten!
Du solltest keine chemischen Mittel einsetzen, natürliche Düngemittel verwenden, Wildblumen pflanzen, für Wasserstellen sorgen und im Herbst auch mal das Laub als Unterschlupf bis ins Frühjahr liegen lassen. Zusätzlich können Nisthilfen und spezielle Insektenhauser als Unterschlupf angeboten werden.

Marienkäfer

Marienkäfer sind der beste Schutz gegen Blattlausbefall. Die Larve des Marienkäfers frisst bis zu ihrer Verpuppung über 500 Blattläuse. Der ausgewachsene Marienkäfer frisst sogar das Dreifache. Marienkäfer werden durch Blumen, Blüten und guten Duft angelockt.
Um sie in der nächsten Saison wieder als tatkräftige Helfer an der Seite zu haben, ist es wichtig, den Marienkäfern einen passenden Unterschlupf zu bieten. Unter Herbstlaub und Rinde zieht er sich am liebsten zurück und legt seine gelben, länglichen Eier an der Blattunterseite ab.
Im Winter den Weihnachtsbaum nicht einfach so entsorgen, die Zweige können abgeschnitten und auf die Beete verteilt werden. Diese bieten nicht nur zusätzlich Schutz für Nützlinge, sondern bedecken auch die Erde.

Florfliege

Die Florfliege ist wie der Marienkäfer bekannt als Blattlausfresser. Leider frisst bei den Florfliegen nur die Larve Blattläuse. Die ausgewachsene Florfliege ist 1–2 cm groß und ernährt sich von Pollen und Nektar. Nichtsdestotrotz sind sie wichtige Nützlinge für unseren Balkon. Auch die Florfliege findet unter Laub und im Stroh Schutz.

1. Leicht zu verwechseln: nützlicher Rosenkäfer oder schädlicher Maikäfer.

2. Für viele noch unbekannt: die Larve eines Marienkäfers

3. Ein Nistblock für Wildbienen darf auf keinem Balkon fehlen.

4. Nicht vergessen: Wasserstellen für Nützlinge anbieten

Service

BEZUGSQUELLEN

Bio-Saatgut und Saatgut-Abo
www.bingenheimersaatgut.de
www.magicgardenseeds.de
www.rankwerk.de

Obst und Gemüse
www.lubera.com

Kräuter
www.kraeuter-und-duftpflanzen.de
www.staudenmann.de

Stauden und Blumen
www.gaissmayer.de

Gehölze
www.baumschule-horstmann.de

Bio-Dünger und organische Dünger-Pellets
www.duengme.de

Nützlinge
www.katzbiotech.de

Wurmkistenhocker für Indoor
www.wurmkiste.at

Vertikales Designerbeet für Indoor und Outdoor
www.urbanature.de
→ siehe Seite 11 oben

Nachhaltiges stapelbares Kistenbeet aus recycelten Kühlschränken
www.ugreeny.at
→ siehe Seite 11 unten

REGISTER

Fette Seitenzahlen verweisen auf Abbildungen.

BILDNACHWEIS

Mit 152 Farbfotos.

115 Farbfotos wurden Lisa-Maria Trauer aufgenommen.

Weitere von Dominique Hammer (8): S. 2, 7 li, 27 alle vier, 33 li, 37, 112;
Flora Press (1): Meyer-Rebentisch S. 16; Rebekka Maag (1): S. 11 ure; Shutterstock (22): /felixriff S. 12 u, /TG23 S. 13 ure, / Maarten Zeehandelaar S. 72 o, /Aleks S. 73 u, /Paul Maguire S. 75 o, /barmalini S. 76 mi, /vaivirga S. 77 o, /ElenVik S. 77 u, / Elena-Grishina S. 80 o, /Diana Taliun S. 81 o, /Lubos Chlubny S. 82 mi, /Igor Sirbu S. 82 u, /Wagner Campelo S. 83 o, /Old Man Stocker S. 83 mi, /Lapa Smile S. 84 o, /MVolodymyr S. 85 mi, /Ivan Marjanovic S. 85 u, /Fabian Junge S. 95, /Anna Hoychuk S. 96 uli, /MyBears S. 96 r, /Illonaja S. 98 u, /Ashley Belle S. 99 beide; stock.adobe.com (4): /Felix S. 10 o, /Tatjana Balzer S. 10 u, /Ashley Belle S. 12 o, /Vitalii S. 18 oli,

Mit 30 Illustrationen
Dominique Hammer, Wien (24): 43 beide, 44, 45, 46, 47, 48, 49, 50, 51, 52, 53, 54, 55, 56, 57, 58, 59, 60, 61, 62, 63, 64, 65; shutterstock (5): /garanga S. 34 u beide, 35 beide, /m.malinika S. 98 o; mauritius images (1): dieKleinert, Horst S. 35 li;

IMPRESSUM

Umschlaggestaltung von Claudia Eder – Konzept und Gestaltung – Pocking unter Verwendung von 11 Farbfotos von Lisa-Maria Trauer, Wien (Umschlagrückseite, Umschlaginnenklappen) und Dominique Hammer, Wien (Umschlagcover, Autorinnenbild). Sowie 2 Illustrationen von Dominique Hammer, Wien.

Mit 163 Farbfotos und 32 Farbillustrationen.

Alle Angaben in diesem Buch erfolgen nach bestem Wissen und Gewissen. Sorgfalt bei der Umsetzung ist indes dennoch geboten. Der Verlag und die Autorin übernehmen keinerlei Haftung für Personen-, Sach- oder Vermögensschäden, die aus der Anwendung der vorgestellten Materialien, Methoden oder Informationen entstehen könnten.

Unser gesamtes Programm finden Sie unter **kosmos.de.**
Über Neuigkeiten informieren Sie regelmäßig unsere Newsletter, einfach anmelden unter **kosmos.de/newsletter**

greenprint* klimapositiv gedruckt

Gedruckt nach der Richtlinie „Druckerzeugnisse" des Österreichischen Umweltzeichens. gugler* print, Melk, UWZ-Nr. 609, www.gugler.at

PurePrint®
innovated by gugler* DruckSinn
Gesund. Rückstandsfrei. Klimapositiv.
drucksinn.at

Gedruckt auf umweltfreundlichem Papier, klimaneutral hergestellt.

ISBN 978-3-440-17485-2
Projektleitung: Birgit Grimm
Redaktion und Bildredaktion: Birgit Grimm
Gestaltungskonzept: GRAMISCI Editorialdesign/Cornelia Sekulin
Gestaltung und Satz: Katrin Kleinschrot, Stuttgart
Produktion: Klaus Jost
Printed in Austria / Imprimé in Autriche